周易文化讲论

刘大钧　主编

《周易》的思维方式

刘玉平　著

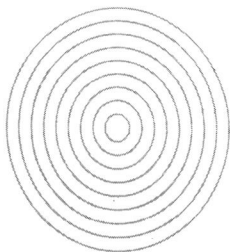

生活·读书·新知　三联书店

图书在版编目(CIP)数据

《周易》的思维方式 / 刘玉平著. —北京：生活·读书·
新知三联书店，2018.5
（周易文化讲论）

ISBN 978 - 7 - 108 - 06164 - 5

Ⅰ. ①周…　Ⅱ. ①刘…　Ⅲ. ①《周易》- 研究
Ⅳ. ①B221.5

中国版本图书馆 CIP 数据核字 (2018) 第 017003 号

责任编辑　徐昍钥
封面设计　刘　俊
责任印制　黄雪明
出版发行　生活·讀書·新知 三联书店
　　　　　（北京市东城区美术馆东街 22 号）
邮　　编　100010
印　　刷　四川省南方印务有限公司
排　　版　成都勤慧彩色制版印务有限公司
版　　次　2018 年 5 月第 1 版
　　　　　2018 年 5 月第 1 次印刷
开　　本　185 毫米×130 毫米　1/32　印张　7.5
字　　数　94 千字
定　　价　29.00 元

总　序

　　一百余年前，以天朝自诩的清朝政府，经鸦片战争至甲午海战，每战必败，接之而来的是割地赔款，签订不平等条约。面对国运多舛、国人受侮，当时先进的知识分子在激愤之下，错误地将矛头对准以儒家为核心的中国传统文化，一时极尽羞辱之能事。如时人吴稚晖提出要把"国故"丢到"茅厕"里，而钱玄同等一众学者要求全面废除汉字。如此种种，千年"斯文"此时似乎真要"扫地"矣。且此种批判风气蔓延至学术研究领域，学者治学也多受此情绪影响，因而失去作为学者对学术研究的客观与公正的态度。以

《周易》为例，为否定孔子与《周易》的关系，对《论语》中孔子"加我数年，五十以学《易》，可以无大过矣"一语，利用《鲁论》之"易"为"亦"字，改句读为"加我数年，五十以学，亦可以无大过矣"，证明孔子与《易》根本没有关系。为证明《周易》晚出，宣称《左传》中的占筮资料是刘歆割裂《师春》插入其中的伪作。20世纪40年代，更有人注疏《周易》经文，对《周易》经文中六十四卦前所标注的六十四卦卦象，对《易传》所云"易者，象也；象也者，像也"等有关易象的重要论述，皆全然不理。在不做任何学理论证的情况下，将由春秋战国延续至两汉魏晋的象数易学研究成果全部弃之不用，而纯以文字训诂解《易》。因为此种解释离开了"观象系辞"的宗旨，且古时字少，一字可与多字通假，因而使其训诂之解变成了一根"点石成金"的魔术棒，如解《易》之"亢龙有悔"为"沆龙有悔"，解"有孚惠心"之"孚"为俘虏等。此种论说早已不是平和客观的研究，更兼之对《周易》

经文常以己意随便改动。古人著书是为存史，今人却如此迂曲以否定之，真可谓"尽不信书则不如无书"也。这些以反传统自居的人，固然以激昂的斗志示人，但其内心，却是作为中国人面对积贫积弱现实的深深的文化自卑。也正是这种文化自卑心理，使当时顶尖级的学者不敢确认中国文化的长度和高度，弃典籍而"疑古过勇"。新文化运动对现代中国的文化转型虽然起到了积极的作用，但在约一个多甲子的时间里，传统文化还是受到很大冲击，尤其是经学研究，多被贴上负面标签，处于文化边缘。

《易传·序卦》曰："物不可以终尽剥，穷上反下，故受之以复。"万事万物在最低潮之时，往往孕育着崛起的曙光。在 20 世纪最后三十年，传统文化终于迎来了其否泰运转之数。20 世纪 70 年代前后，随着"亚洲四小龙"的崛起，部分国人发现由儒家文化传统一样能开发出现代文明，实现富国强兵。因而由 70 年代末至 80 年代，中国传统文化开始复兴，学者们重新认识与评价孔子，开辟学术园地，研究传统经典，在"果行育德"中宣讲中国传统文化。当此"屯起"之时，参与其中的学者们多有"致命遂志"之信念，怀着对传统文化的自觉与自信，承担起学人们的历史使命。在"君子以经纶"的求索中，逐渐有了中国传统文化全面复兴的良好形势。到90年代，随着学术队伍的壮大、民间人士的响应，传统文化的发展成为一种潮流，从20世纪初至六七十年代，一直被不屑、被轻视、被批判的古老"国学"竟重新"流行"！其实，传统文化复兴的根本原因，还是随着改革开放而形成的经济发展与国运昌盛。中华民族在崛起中汲取了传统文化的德性营养，进而随着国力的全面提升，民族自信和文化自信亦一步步恢复，人们对"疑古过勇"者的批判愈加明确，也愈加要求优秀传统文化参与国家和民族的崛起，实现文化层面的民族自信。故近年来传统文化重新走向庙堂，并成为中国特色社会主义文化的源泉，成为中国文化自信的根基。

历经百余年的波折，现在我们对于传统文化，已经有了比较成熟的态度。一方面，传统文化决不可丢弃，而应努力弘扬。《易·贲卦·象传》云："观乎天文，以察时变；观乎人文，以化成天下。"文化与天下相系，何其重要！而现代文明体系中的民族与国家，也都是以各自文化为根本标志，传统文化是一个国家与民族的灵魂。若我们当真"全盘西化"，抛弃传统，则何以能名为"中国人"与"中华民族"？民国初年部分人的文化自卑心态，其根本原因是由于知识分子对国家贫弱的痛心与激愤，但历史的发展已经澄清，贫弱或富强绝不能简单地与中西文化之优劣画等号。因此，我们应怀着骄傲，确立我们的民族文化自信，更加努力地传承与弘扬优秀传统文化，以助力国家的全面复兴与强大。另一方面，承继传统文化绝不意味着固守。全然守旧的老路是走不通的，对传统文化要进行深入的研究，批判剔除其中的消极内容；同时应着眼现代文明，结合当前现实，努力由"旧识"开出"新知"。《诗·大雅·文王》云："周虽旧邦，其命维新。"冯友兰先生尝引之以期许国家的前途，而此亦是我们对中国传统文化的期许。在传统文化中，《周易》兼有源头与总括的性质。《周易》是中国最古老的典籍之一，它极天地之渊蕴，究人事之终始，开中国文化之源，影响了先秦诸子与历代学术思想。《周易》又是中国文化的最高典籍，两汉时为群经之首，魏晋时为三玄之冠，宋明时为理学之基；迄于近代，亦是中国学术转型的重要根据。近代著名学者，如熊十力、马一浮等先生，俱以大易为最高旨归，而致力于开辟当代新学。《周易》还关涉中国古代的一切文化现象，正如《四库全书总目提要》所总结的："易道广大，无所不包，旁及天文、地理、乐律、兵法、韵学、算术，以逮方外之炉火，皆可援易以为说。"更为突出的是，《周易》文化在海外有很大的影响，如莱布尼茨、荣格等西方学者胥受《易》之影响进而推崇《周易》，而韩国则径取太极八卦之象作为国旗。一言以蔽之，《周易》是中国优秀传统文化中的璀璨代表，在世界文化中占有重要地位，自古至今都有其独特的魅力与重要的影响，我们应下大力气继承与弘扬。

"周易文化讲论"丛书的策划，是受国家汉办前主任许琳的嘱托，她说：一门学问的研究，深入不容易，浅出往往更难，你们能不能用当代人的视角，以显明易懂的文字，对《周易》中当前人们关注的基本精神和核心内容，向读者做一个介绍？为此，经反复讨论，我们既着眼于《周易》文化的传承与弘扬，又针对当下之文化关切，选取了十个主题对《周易》文化进行讲解。"周易文化讲论"丛书包括了三个部分的内容：

第一，总论一讲。"《周易》与中国文化"一题中，作者系统梳理了《周易》的基本精神、核心内容与主要特质；并由《易》与儒释道的关系，确认《周易》在中国传统文化中的重要地位。另外，作者又从中国文化的总体视野入手，简明扼要地介绍了《易》与中医、气功、天文气象、风水术、音乐、兵学、音韵学、数学、炼丹术等传统文化的密切关系，展现了《周易》的文化广度。

由此总论一讲，读者可了解《周易》文化的整体样貌，更可管窥《周易》作为大道之源，对中国传统文化各领域无所不包的全面影响。

第二，跨文化领域五讲。我们选取近年来人们关心的五个主题，以不同文化领域之视角，详说易道之流行。"《周易》与养生"一题中，作者分析了《周易》阴阳、气论、感通等思想对中国养生学的重要影响；并以气功等实际功法为例，具体展现了两者之间的深刻联系。更为重要的是，作者于最后一章论《周易》与哲理养生，根据《周易》中的快乐主义、诗意生活、道德修养等，提出由生命境界的提升、由养神来养生的观点。结合现实来看，随着生活水平提高、人口老龄化加速，当前养生越来越受到国人的重视，运动、食疗等养生方法非常流行；但养生不仅是养身，更是养心、养神，人们往往不太重视生命境界的提升。故本讲所论，哲理养生是中国养生学的根本特色所在，是最重要的养生方法，实极有现实意义。"易学与中国建筑"一题中，作者由中国古代的城市兴建、宫殿建设、礼制建筑、民间建筑、宗教建筑等五种建筑类型，图文并茂地举例，探讨了其中所应用的《周易》之象、数、理等内容。书中所举之例，既包括隋代大兴城、唐代洛阳明堂等仅载于古书的建筑，又有新疆特克斯八卦城、北京故宫等仍保存完好的建筑。通过本书，读者可由《易》之视野，领略到这些建筑不同的魅力。另外，《周易》所论三才之道、天人合一等思维，在当今世界范围内均突显出其价值。故现代建筑学中，也越来越重视以《周易》为代表的传统文化理念。可以预见，《周易》与中国建筑的联系在未来将会更加密切。"《周易》与儒学"一题中，作者详细考辨了孔子读《易》、赞《易》之事；勾勒了儒学与《周易》两者之间相互影响、相辅相成、交相辉映，最后融为一体的历程；同时爬梳了孟子以降的历代儒学与易学之源流。"《周易》与中国文学"一题中，作者首先确认《周易》经传的文学性，确认《周易》本身就是一部优秀的先秦文学作品；进而从文学创作出发，梳理历代文学作品中对《周易》的广泛引用；又从文学批评出发，分析了《周易》哲学对中国文学理论的深刻影响。值得一提的是，作者在当代文学部分，用了相当篇幅介绍金庸武侠小说与《易》的关系。对金庸所用到的武功名称、招式名称、武术思想等，进行了较为细致的分析，揭示了其背后的易学理论。通过对当代流行元素的关切，极大增强了全书的可读性与趣味性。读史释《易》，向来是一个讲《易》的传统命题。"《周易》与史学"一题中，作者一方面由《易》观史，梳理《周易》经传中的历史故事与社会史资料，分析《周易》哲学对中国史学的影响；一方面由史观《易》，梳理史书中的易学资料与易学家，并举例探讨了历代史学大家的史学与易学思想。按易学与史学，自古至今联系密切：在古代突出表现为"以史治易"，古人常常用历史故事来注解《周易》，以参证《易》之思想，故有史事宗之易学；在近现代则突出表现为以《易》治史，一批学者受新史学影响，鼓吹"六经皆史料"，热衷于在《周易》经传中考察古代历史故事与社会史资料，取得了一些成绩。读者通过本书，当可大体了解史学与易学的深厚渊源。

第三，《周易》文化自身四讲。我们选取四个主题，由不同角度，详说《周易》文化自身的丰富内涵。"《周易》智慧"一题中，作者从具体卦爻出发，深入卦爻所象征的宇宙时空之具体情境，揭示个体生命在不同"时"中当效法取用的处世智慧。通过本讲，读者一方面可了解践行这些处世智慧，一方面可学习《周易》经传的解读方法。更为重要的是，作者针对人人皆身处祸福的考验与纠缠之中、关注命运而祈福避祸的现实，撰"吉凶之间求福避祸"一章，介绍《周易》预测吉凶悔吝、指导趋吉避凶的方法，介绍中国古代理性务实、不信仰鬼神的选择，介绍孔子阐发易理、观《周易》德义之道的方向。现实社会中，人们的生活节奏很快，经常身处多种选择、祸福不定的境遇之中，故而热切地希望管窥自己的命运。作者此章所介绍求福避祸、德义之道等关于命运的智慧，对读者思考命运问题、提升自我的生活质量，当有启发意义。"《周易》与人和之道"一题中，作者针对"和谐"的时代主题，由《同人》《睽》两卦，阐发《周易》所揭示的人际和谐之理想和原则；进而由具体的夫妇、父子、朋友、上下之关系入手，阐发《周易》中的和谐智慧。作者尤其详细考察了《周易》关于君民和谐的论述，深度发掘其中的民本思想，颇有新意，且对政治实践有一定的借鉴意义。"《周易》的思维方式"一题中，作者以现代文明与中西比较之视域，贯通《周易》经传，探讨《周易》中的思维方式：从内容上讲，有阴阳和谐、广业利世、应时鼎革等思维；从形式上讲，有形象、运数、直觉、逻辑、辩证等思维。通过"思维"这一当代学术的角度，展现了《周易》文化的鲜明特征和独特魅力，也展现出中国文化的特色。其中，作者探讨广业利世之思维，认为《周易》德与业并提、义与利并重，推崇"修业""广业""大业"，主张"利者，义之和""利物足以和义"。

这对于我们纠正易学史中对广业利世的轻视，全面了解易学思想有一定的价值。"易学简史"一题中，作者以古代易学发展历史为主要线索，对各时期易学的主要派别、人物、学说进行介绍，勾勒出了易学发展的基本轮廓和大致格局。此讲可为读者阅读本套丛书，提供必要的易学基础。总之，《系辞传》赞易"广矣大矣"，由以上十题涉及之内容，亦可见一斑也。

鄙人认为，"周易文化讲论"丛书整体而言有以下几点特色：其一，多能本于新资料，介绍学术前沿，以匡正前人之偏失。如前文提到民国以来否定孔子与《易》之关系的疑古学说影响甚大，故"周易文化讲论"丛书在多处介绍了学界对于孔子与《易》关系问题的新结论。马王堆帛书《易传》的出土为此问题提供了极为珍贵的资料，其《要》篇载有孔子读《易》"居则在席，行则在橐"的情状，显然孔子不可能与《易》无关。在帛书《易传》中，孔子对自己的易学思想有充分的自觉，强调其真正重视的是"观其德义"的道德之途，而与史巫不同；孔子"德义"之途的思想，正与《易传》的主旨一致，故学界多确认《易传》是"孔子及其后学阐释和发挥《周易》古经而成"。这些材料与结论，可直接廓清民国以来否认孔子读《易》赞《易》的疑古风气，对于我们追溯文化脉络、挺立文化自信至关重要。其二，由现代文明之视域，尝试赋予《周易》文化以契合当下现实的解说。如丛书中反复论说《周易》中"德"之重要性，尤其由《中孚》卦、由孚信之义，可见《周易》对为人处世中"诚信"道德的重视。"周易文化讲论"丛书对传统易理的这一解释与强调，实有重要现实意义：市场经济是现代文明的重要特征，改革开放后，在商品经济浪潮中，不少人功利心太过，唯利是图，完全丢掉了诚信观念，丢掉了道德意识，甚至不惜违法。圣人云"君子忧道不忧贫"，真正的君子先存道后谋利，但在我们周围，这样的君子实在太少！我们热切希望读者中能有更多诚信守道之君子，从而扭转当下偏失的社会风气。其三，作为面向

14

大众的文化读物，"周易文化讲论"丛书注意行文之通俗，避免艰涩深奥之辞，以适合文化的普及功用。

总之，本套"周易文化讲论"丛书兼备前沿性、时代性、通俗性等特点，我们希冀其在《周易》与中国传统文化的继承与弘扬方面，能发挥出一定价值。因为《周易》一书中包含的深奥易理和精微哲思，使其成为一部"书不尽言，言不尽意"之书，因而它凭借八卦与六十四卦卦象，"立象以尽意，设卦以尽情伪"。我们这套丛书所展示的，只是近三十余年来人们从现代文化的视角出发，贯通、探讨的《周易》经传中的人生智慧与思维方式。相信再过三十年，乃至一百年、二百年，随着我们生活内容的日益丰富与文化境界的不断提高，人们在岁月的流逝中将通过各种外显的八卦符号与内应的五行生克机理，寻求认识世界与把握世界的新方式。因而，《周易》将成为人们认识与改造世界、丰富自身文化发展的永恒研究母题与研究主题。而类似今日我们阐释

《周易》的这种丛书，今后将被一代又一代的后人不断推出，从而成为人们不断总结过去、改变现在、瞻视未来的创新动力。

本序之作，恰逢党的十九大胜利召开。十九大报告对文化非常重视，提出要"增强文化自信""文化自信是一个国家、一个民族发展中更基本、更深沉、更持久的力量"，要"推动中华优秀传统文化创造性转化、创新性发展"。我们当初设计这套丛书的想法，正响应了十九大报告的新思维，这使我们甚感欣慰，故略呈拙文如上，是以为序。

刘大钧

丁酉年小雪于运乾书斋

目　　录

《周易》的思维方式

导　言

　　思维是人类特有的最基本、最重要的意识活动。古往今来，万千事物，小到毫厘，大至宇宙，都可以融汇于人脑这方寸之间，任意地分析、归纳、综合、抽象、概括。思维活动包含着无穷的奥秘，思维有着巨大的魅力！正因为如此，恩格斯才把人类"思维着的精神"比喻为"地球上最美的花朵"。思维能够绽放出绚丽夺目的光彩，它不仅有"观赏"价值，使人们赏心悦目、心旷神怡，而且还有实用价值，能够帮助人们排除各种烦恼和忧愁，走进自由的王国。

　　世界著名的物理学家劳厄（Max Theodor Felix

Von Laue, 1879—1960, 德国）曾说:

> 重要的不是获得知识，而是发展思维能
> 力。教育无非是一切已学过的东西都遗忘掉
> 的时候所剩下来的东西。

2

大量的事实也表明，个人的观察、想象、分析、判断、理解、思考、决策、创意、策划、战略规划等思维技能是否接受过系统的训练，是否达到成熟，将决定个人未来的职业发展前途。因此，一个人要想在激烈的脑力竞争中生存，就要学会更新自己僵化的头脑、改变简单的思维模式，让自己发展成为一个思维技能训练有素的人。

人类的思维活动是十分复杂的过程，其生理基础依赖于高度完善、极其精密的物质——人的大脑；其客观基础依赖于人所面对的整个世界万物。思维活动也就是人脑功能实现对客观存在的反映、加工与创造。思维的形式、内容以及思维的特点、结构和功能，都为它所赖以生存的特定

人的思维（牛晶晶绘制）

社会历史环境所制约。

　　从逻辑学上说，思维方式由一系列基本观念所规定和制约，并逐步被模式化。思维方式，是指在人类社会发展的一定阶段上，主体按照自身的特定需要和目的，运用概念符号去接受、反映、理解、加工和创造客体对象及其信息，从而形成思维活动的一定样式或模式。

　　从历史角度看，思维方式具有鲜明的时代性和民族性。每一个民族，尤其是历史悠久的民族，在长期生存发展中都形成了自己特有的思维方式。

中国古代思维方式是华夏民族在长期实践活动基础上对自然、社会、人生的认识与把握的积淀和凝练。它的形成有一定自然和社会背景。黄河流域和中原地区是华夏民族繁衍生息的摇篮。适宜的温带气候和肥沃的土壤、成熟的国家组织以及与之相适应的以自然经济为基础的生产方式、以血缘宗法为纽带的人伦关系、以天人和谐为特色的行为模式，这些都为中国古代思维方式的孕育、形成和发展准备了重要的基础和背景，并源源不断地提供了特殊的营养。因此，我们可以说，中国古代思维方式早在商周时期已大致显示出其基本走向，到春秋战国时代则已基本趋于成型。

与西方和其他民族相比，中国古代的思维方式有其独特之处，可以从下列三点来看。

首先，以天人合一为基调的整体和谐性思维。天是一物，人亦是一物，天和人都是实在的，二者相互沟通而成统一整体，这是中国传统文化中最基本的观念。

儒家的天人思想以《周易》天地人"三才之道"为源头，从孟子倡导"尽心知性知天"，中间经过汉代儒家强调"天人同类"相感合一，直至宋明时期哲学家从"性即理"或"心即理"的角度，主张"天地人是一道也"。天人合一的客观状态内化为先哲们的精神追求和价值目标，就是"天地合德"理想的精神境界，宋明时期称为"仁者以天地万物为一体"。

中国传统文化中儒、道两家都主张天人合一。儒家强调"中庸"，偏向于将自然界人化；道家强调"混沌""素朴"，偏向于将人自然化。道家与儒家关于天人和谐的理解，在形式上和出发点、归宿点上虽有所不同，但两家都无不重视人与自然应当是一种和谐性的关系，认为天人相依构成一个大整体。如老子把人与道、天、地并列为"域中四大"，主张"道法自然"；庄子主张"天地与我并生，而万物与我为一"。在天人合一的整体结构中，人有理性、道德、情感，能够体悟天、天道，只有人才能构成与天地并立的格局。中国传统哲学的天人合一思维模式：以人和人道去规范天、天道，或者以天和天道论证人、人道，实质上以人为中心要素体现出整体性思维特征。

其次，以生生不息为主线的致中和、互补性思维。中国古代思想家认识到万物存在只能是作为生生不息的过程而实现的，"生生"是天道的根本功能，宇宙天道恒久不息，涵摄和影响着人道，人生天地之间也应当生生不息。他们历来重视事物的矛盾关系，视阴阳交感变易为宇宙的根本法则，"天地万物之理，无独必有对"。但是事物的矛盾关系，在他们那里强调的是相反相成、相比相应、相通相合的互补关系。无论对自然的把握，还是对道德的践履、对人生的追求，无不讲究"中和"：

致中和，天地位焉，万物育焉。

孔子讲"执两用中""允执其中"，自此以后"用中""中庸"就愈来愈成为人们观察和处理问题的方法论原则。先秦儒家的思想逐渐被历代封建统治者拔高和神圣化，渗透并影响着中国两千多年的政治、文化和社会生活。它主张从维护整体的稳定、确保本性不变出发，以不变应万变，以万变应不变，通变易而居常则，在张弛屈伸中维持或重建合于尊卑关系的稳定秩序，最终达到全面控制整体的目的。

最后，以体"道"为中心的交织互渗的直觉思维与理性思辨。"道"是中国古代哲学家对宇宙本体的高度概括和抽象，体现出了较高的直觉思维和理性思维能力。万物被道统摄，又从不同侧面体现道。道不可闻见，无以名状，只能靠直觉和思考来体悟，而一旦体道便获得了最高智慧。

中国古代思想家，无论儒家、道家，还是理学、佛学，都十分重视直觉悟解的作用，并将感性与理性融合在一起。孔子主张"一以贯之""推己及人"，孟子用"思诚""尽心知性"去体天道；老子提出"涤除玄览""抱一为天下式"，通过道的象、物、情、信而体道；《管子》讲"静因之道"，《荀子》讲"虚一而静"，在对道的认识与把握中，直觉体悟与理性思辨交织在一起，各种感官共同参与，又互相渗透。中国古代哲学有自己的范畴体系，从一定时期看人们对范畴的理解有歧义性、变动性，但从历史发展过程看，范畴体系又具有一贯性、稳定性。

上述特征在《周易》中得到了充分体现，也就是说，作为"群经之首"的《周易》不愧为中国古代思维方式的代表作。因为其中所讲的道理揭示了宇宙自然、社会人生的根本问题，十分深刻，博大精深，所以这部文化经典又被称作"大道之源"。因此，了解和把握中国古代的思维方式，不但不能绕过《周易》，而且应当把《周易》当作基本教科书。我们首先来了解它的创作过程。

《周易》的作者、创作时代和过程，是古往今来众说纷纭的问题，因其关系到学派属性和思想内容等方面，因此又是易学史上诸多问题中的重要问题。关于《周易》创作，汉代班固和司马迁的观点久负盛名，影响颇大。《汉书·艺文志》提出"人更三圣，世历三古"，认为《周易》的形

包牺（南宋）

成主要经历了三个阶段：

（一）伏羲"始作八卦"卦象。

（二）周文王将八卦重为六十四卦，并在每卦与爻后分别系上卦、爻辞。

（三）孔子作《易传》十篇（称为"十翼"），以传解经。

《周易》最初是人们用来占卜的工具书。远古先哲发明阴阳两种符号（"－－"和"－"），阴爻和阳爻组合成八卦。中古时期先贤在八卦基础上推演出六十四卦，后来又将天地万物、时令季节、人事变化容纳于阴阳的变化组合中并用文字注解卦象，产生了卦辞爻辞，由六十四卦符号和卦爻辞组成了《周易》古经。又过了很长时间，在孔子及其弟子整理改编后，特别是在《易传》出现并加进了许多儒家思想后，《周易》逐渐演变成一部哲学著作。

如果细读古经和传文，参考历代易学家研究成果，我们至少可以发现，《周易》的创作经历了远古时代至春秋战国之间漫长的过程。套用班固

周文王（明代《历代古人像赞》）

孔子（唐代）

《汉书》的语言格式，可以说它确实是"人更多手，时历多世"，是在近千年的历史时期中，由集体参与创作而成的文化经典作品。远古时代的伏羲、中古时期的周文王、近古时期的孔子，无疑是其中最杰出的代表。

在西周以前的漫长时期中，先哲和先民们就开始了大量实践和认识活动，他们在生活中反复进行有意无意的仰观俯察、近取远取、观物取象、拟诸形容等过程，获得对周围世界和自身的感知，通过运用八卦并进而逐步重叠为六十四卦的符号进行占筮活动，其中甚或还附有简单的筮辞，表明人们的思想经常伴有形象思维，并已经从形象思维向初步的抽象思维过渡。

殷末周初，社会生活的变化和丰富，促进了人们逻辑思维能力的提高，当时的学者或者"掌三易①之法"的史官们，在原有筮例素材积累的基础上，开始自觉地汇总、加工、整理获得的认识，逐步使卦形符号规范化，充实和改编卦爻辞文句，确定六十四卦卦序，基本形成了《易经》的体系。

在历代不断的释经、传经、阐经的过程中，人们的抽象思维水平得到突飞猛进的提升。随着学《易》与研《易》者的大量增加，特别是较高水平学者的不懈研究，出现从不同角度阐释易理的作品，这就是汉代儒家称为"十翼"的《易

① "三易"，即所谓《连山》《归藏》《周易》，分别属于夏、商、周三代，后来前两者失传。

传》陆续问世。

应当说，今本《易传》除贯穿儒家思想倾向之处，因受时代思潮影响，还吸收了道家、墨家、阴阳家等其他学派思想。但无论如何，不能否认《易传》与孔子学派有着密切的关系，它可能出于战国至汉代孔门后学。

可见，由《易经》和《易传》共同组成的《周易》，本身就是一部集合了从具体经验到一般概念，又到哲学思想的不同层次的混合之作。这是一种奇妙的混合，表面上相互矛盾的说法实际上反映了内容的不同层次，也包含着深层次的考虑。本身的神奇加上历代研《易》者众说纷纭的解释和发挥，其神秘的光环和疑难之谜足以令人眩晕。它越是神秘而疑难，人们越是要去探索，其吸引力就越大。

所以我们可以说，《周易》最深刻的吸引力来自于它的思维方式。正如著名学者朱伯崑先生所明确指出的：

如果说，古代的宗教典籍，是靠信仰和迷信得以长期传播，而《周易》则是靠自身的理论思维和中国人的智慧相传下去的。中国人的理论思维水平，在同西方的哲学接触以前，主要是通过对《周易》的研究，得到锻炼和提高的。这是中国文化的骄傲。[①]

14

《易传·系辞》将这种思维方式概括为"观物——取象——比类——体道"的方式、方法和过程。

所谓"观物"，就是人的仰观俯察，对大到宇宙天体、微至身边毫厘万物的物象，进行多角度、多层次的反复观察、仔细考察与切实的接触和感受。

所谓"取象"，就是对观察到的天地万物的物象近取远取，"拟诸其形容"，概括、提炼为意象。取象是通过对纹、理、节等物象特征的概括，对

---

① 朱伯崑：《易学哲学史·序言》第 1 卷，昆仑出版社，2005年，第 40 页。

于蕴含于其中的情、理的象征加以表达。

所谓"比类"，就是将所取之象进行分类比较，找出其中的异同，从而抓住本质的东西。

所谓"体道"，是人的智慧的综合运用，以人的情感和理性体认、贴近天道，最终达到天人合一的境界。

这整个过程需要建立一套有形象意味的符号系统。八卦图像以及由此组成的六十四卦象，就是以最简练的线条图案对天地万物的总体关系的象征和表达，是古代人们关于宇宙图景、人事活动的模式概括。

《周易》和易学的思维方式，既指上述程式中的思维形式和方法，又指与那个特定时代人们实践活动对象和目标相一致的思维活动的内容、结构与特征。下面让我们先从解读思维内容入手吧。

第一章　阴阳和谐思维

　　阴与阳二者相互对待、交感和谐的思维，体现了《周易》作者的创作旨趣，是建构《周易》古经体系和《易传》解释系统的灵魂。宋代大儒朱熹在《朱子语类·读易纲领》中说：

　　　　天地之间无往而非阴阳；一动一静，一语一默，皆是阴阳之理。

这句话言简意赅，鲜明地揭示了《周易》阴阳观念来源于天地自然，具有普遍性和概括性。

一、阴阳观念的产生与演进

认识来源于实践。《周易》的阴阳思维是上古先民五行、阴阳、天人合一等观念发展的必然结果。

阴阳观念的产生在传说中比较早，《说文解字》分别释义：

阳，高明也；霒，云覆日也。

五代时期文字训诂学家徐锴在《说文解字系传》中对"阴"解释说：

山北水南，日所不及也。

当代学者张立文先生考证后指出：

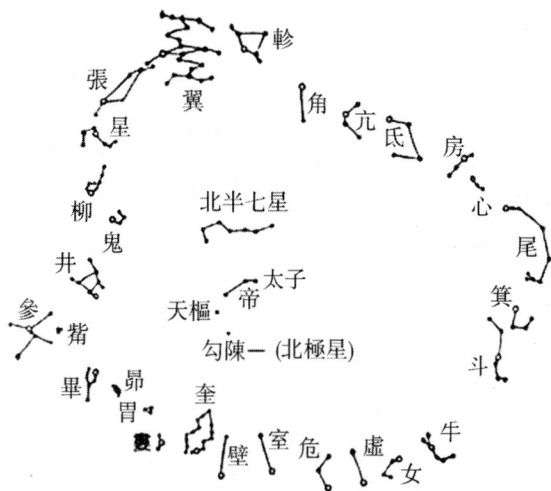

仰观天文（二十八星宿图）

　　无论是甲骨文或金文，"阳"字均与日相联系，且日高悬，光芒下射，指光照到的地方。阴，甲骨现未确认哪个字……后人以阴为背日或日所不及，都取阳之相反之义，是相对于阳而言的。

　　阴阳在殷商时代末期以成对概念出现，两周时已有对偶使用，但还不多见。《周易》经文仅有

俯察地理（牛晶晶绘制）

《中孚》卦九二爻辞"鸣鹤在阴，其子和之"，使用一个"阴"字。帛书《周易》说："阳于王廷。"这是《夬》卦卦辞，通行本"阳"字作"扬"字，仅用一"阳"字。

相传伏羲仰观天文，俯察地理，近取诸身，远取诸物，始作八卦。这里的"诸"是"之于"的意思，"始"为开端、开始。他所创造的八卦符号，最基本的是"--"和"—"两个符号。对这两个符号的来源，历来有不同的看法：有人认为来源于占卜用的蓍草，整根蓍草是"—"，蓍草中间断开就是"--"；或者猜测来源于竹节，前者是一竹节，后者是二竹节；有人认为这两个符号跟远古时期结绳记事有关，前者可能是一个大结，后者是一个小结；还有人认为可能反映了古代先民生殖崇拜的习惯，这两个符号表示男女两性区别，前者像男根，后者像女阴。

但阴与阳作为哲学范畴来使用，则是比较晚的事情了。从人类认识的历史发展进程看，在原始五行说的形成阶段，人们的思维水平只能从"百物"中抽象出"五材"。典籍《尚书·洪范·九畴》第一次出现"五行"的记载。《尚书》是古代的历史文献，记录从尧、舜开始，到夏、商、周三代的历史资料。

《洪范》是商代贵族统治者总结出来的治国理政经验。"洪"的意思是"大"，"范"则是"法"，"洪范"就是统治大法。相传周灭商后的第二年，箕子向周武王陈述"天地之大法"，提出了帝王治理国家必须遵守的九种根本大法，即《洪范·九畴》。

《九畴》篇第一条阐述了五行，首次表达为水、火、木、金、土。西周到东周之际的史伯提出了"和实生物"的观点，认为：

> 和实生物，同则不继。以他平他谓之和
> ……先王以土与金、木、水、火杂，以成百
> 物。是以和五味以调口……

可见，虽然先哲们看到了润与燥、曲与直、苦与酸等方面的差别，一定程度上看到了"和"对于"生物"的重要作用，但他们还不能把五行的多样性抽象成相互对待的两种因素，即"两端"。

人类的认识又经历了多少年的大大进展，人们已能从五行、五材的简单多样性，上升为认识到乾与坤、泰与否、剥与复、损与益等等的关系。从五行、五材到二气、两端，这是一个必然的认识推进和提升的过程。

在《周易》形成阶段，人们头脑中的阴阳观念逐渐由模糊变得清晰起来。阴阳来源于客观世界的抽象，其一，指实体即气，是大量充盈于天地之间的自然之气，《乾·文言传》说：

　　　　潜龙勿用，阳气潜藏。

　　《坤·象传》说：

　　　　履霜坚冰，阴始凝也。

这里所谓"阳气潜藏""阴（气）始凝也"之阴阳二气，皆是自然之气。

　　其二，阴阳指事物的属性和形式，阳的属性为刚健，阴的属性为柔顺。《说卦传》说：

　　　　分阴分阳，迭用柔刚。

　　《系辞传》说：

　　　　阴阳合德，而刚柔有体。

　　《周易》中乾与坤、泰与否、剥与复、损与益

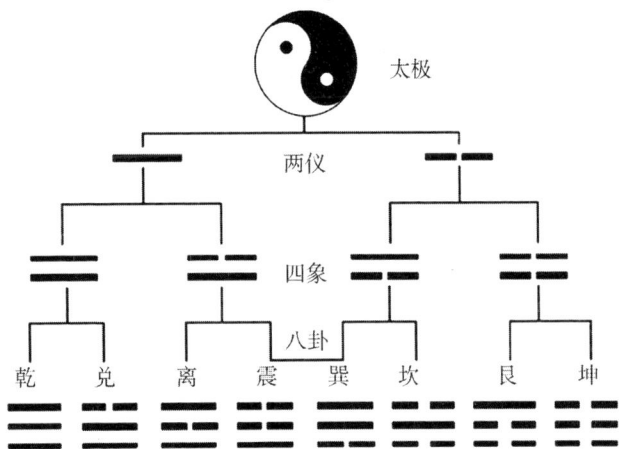

太极二分生阴阳

等成对偶卦的排列顺序，表明以周文王为代表的先哲们，已经从阴阳二气的启发中认识到两种因素即"两端"在自然界和人类社会中存在的普遍性。

不仅如此，人们的认识还在继续推进，阴阳既可以从自然属性又可以从社会属性多方面表现出来：阳是君、父、夫，阴是臣、子、妻；阳是善、仁、爱，阴是恶、戾、残。当然，这些主要表现在后来的《易传》中。

阴阳对偶，是中国哲学史中既古老又重要的范畴。据学者统计，《尚书》中阴与阳的单字各有三处，《诗经》言阴与阳分别有九次和十八次。但仅有一处二字连用：

> 既景乃岗，相其阴阳。

24

意思是说，在山冈上测日影，察其向日或背日，向日为阳，背日为阴。

先秦典籍《左传》《国语》中阴阳二字连用已经多见，既指阴阳二气，又作为两种相对待的势力和因素，因此突破了原始意义而向哲学范畴过渡。例如："六气曰：阴阳风雨晦明也。"作为两种势力，"阳伏而不能出，阴迫而不能蒸，于是有地震"。这是周太史伯阳父用阴阳两种因素对地震发生的最早解释。

范蠡向越王勾践提出了用兵之道：

> 阳至而阴，阴至而阳。日困而还，月盈

而匡。古之善用兵者，因天地之常，与之俱行，后则用阴，先则用阳。

这就以阴阳的相对性和互变性来说明日月盈虚和战争的变化规律。

又据《左传》记载，春天曾发生陨石和六鹢退飞的怪异现象：

周内史叔兴聘于宋，宋襄公问焉，曰："是何祥也？吉凶焉在？"……"是阴阳之事，非吉凶所生也。吉凶由人。"

叔兴用阴阳的交互作用来说明自然现象，与伯阳父对地震的解释如出一辙。

值得注意，先秦时期人们还以阴阳解释人身体生理机能。《左传》记载：

昭公元年，晋侯求医于秦，秦伯派医和去看病，医和认为晋侯是女色过度，他说：

"阴淫寒疾，阳淫热疾，风淫末疾……"

"淫"为多、过度，各种疾病由多种原因引起，但共同之处是阴阳失衡。这就从反面说明阴阳协调的重要性。

26

二、《周易》中阴与阳的观念及其关系

《周易》古经体系由六十四卦三百八十四爻构成，构架的基础是"－－"和"—"两个符号，分别称作阴爻和阳爻。卦爻的数学排列组合，表征着阴爻和阳爻的特定内在关系。每一卦自初爻至上爻，反映了事物在一定时间与空间条件下由微而显的变化过程，展开了阴阳对立统一原理。如《乾》之龙、《咸》之感、《震》之雷、《渐》之鸿等，无不通过各自的爻变而显示事物物极而反的变化规律。

《易》作者认为，宇宙间的一切事物都在运动变化，变化普遍体现了"时位"之变，即时间和位置（空间）之变，因而象征宇宙万物各种境况的卦爻符号当然也包含"时"和"位"的内容。

例如初爻，它处在一卦的最下方，从空间角度看其"位"低，其象征意义可以表示自然环境的低湿处，也可以表示等级社会的卑贱阶层（处于最底层的民众），甚至代表人体部位的最下端的脚趾（比如《咸》《艮》等卦所揭示）。从时间上看其"时"始，代表一事物的萌芽和发端。如《乾》卦初爻辞"潜龙勿用"，意即告诉人们时机未到，当"晦养以俟时"。而上爻则处一卦最上方，其情形与初爻相反，表示最高的位置与最终的时段。

每一卦六爻，自"初"至"上"，既是位的上升，又是时的渐进。每一爻都同时内涵有时间与空间的象征意义。

每一卦六爻之间其位置又有阴阳之别，奇数为阳，偶数为阴，所以爻画有当位（得正）、失位

（失正）之分。得正为吉，失正为不利。人事象征意义在于提醒人们审时度势，反思所司职之事与所居之位是否一致，是渎职抑或僭位，也就是亵渎职守或者超越职位。宋代著名易学家程颐在《伊川易传》说：

28

> 位者，所处之分也。

人若明其所处之分，善其所处之分，是为守正。

尚中正即崇尚既中且正的"时位"，是《周易》的鲜明特色，全书提及"中"字总计一百余次，皆在引导人们恪守中道，保持常"度"，做到无过、无不及。因此，清代学者钱大昕说：

> 《彖传》之言"中"者三十三，《象传》之言"中"者三十。其言中也，曰正中，曰时中，曰大中，曰中道，曰中行，曰行中，曰刚中，曰柔中。刚、柔非中也，而得中者无咎，故尝谓六十四卦、三百八十四爻，一

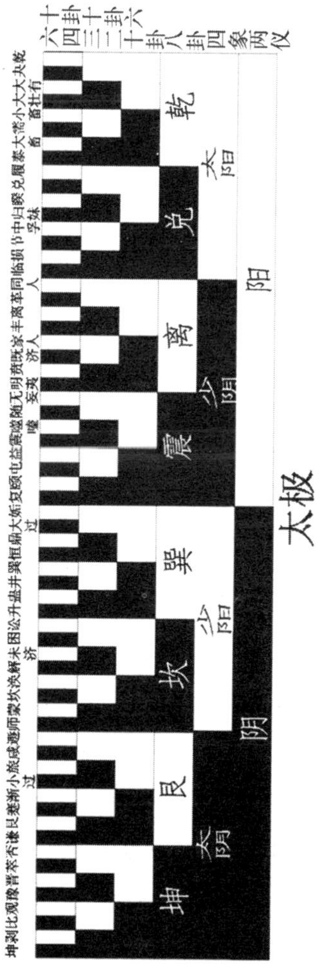

伏羲六十四卦次序

乾 兑 离 震 巽 坎 艮 坤

太阳 少阴 少阳 太阴 少阳 少阴 太阴

阳 阴

太极

两仪
四象
八卦
十六卦
三十二卦
六十四卦

言以蔽之，曰"中"而已矣。

钱氏的结论未免绝对化，但确实揭示了《周易》尚中正的思维特色。

在阴与阳的关系中，协调、统一、和谐是其基础和归宿。阴与阳相互联结、依存，舍阴无阳，舍阳无阴，只有阳爻或只有阴爻，都不能构成《易》卦。虽然乾卦只有阳爻，坤卦只有阴爻，但两卦是《易》之"父母卦"，作为一个整体，阴阳具备，化生万物。正如《系辞传》说："乾坤成列而《易》立乎其中矣。"《说卦传》说："观变于阴阳而立卦。"阴与阳的协调是《易》卦成为统一体的基础。

汉代易学揭示了阴、阳爻之间的承、乘、比、应、中的关系。

凡下爻紧靠上爻叫作"承"，即以下承上的意思；凡上爻高凌下爻叫"乘"，阴爻乘阳爻为"乘刚"；六爻之间逐爻相连并列为"比"；初与四、二与五、三与上，如果为一阴一阳，则为

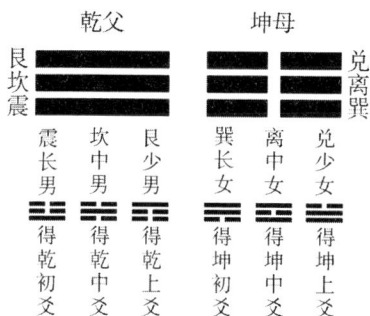

乾父　　　　　　坤母

艮坎震

兑离巽

震长男　坎中男　艮少男　　巽长女　离中女　兑少女

得乾初爻　得乾中爻　得乾上爻　　得坤初爻　得坤中爻　得坤上爻

乾坤生六子

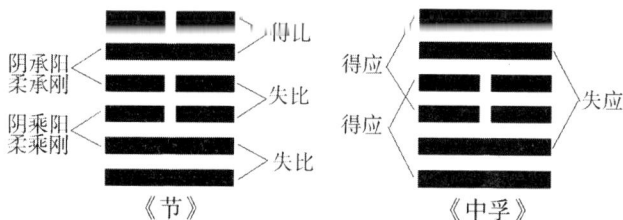

得比

阴承阳
柔承刚

失比

阴乘阳
柔乘刚

失比

《节》

得应

得应

失应

《中孚》

乘承比应中

"应"，一般说来，有应则吉，无应则凶。

"应"即为协调和谐，"中"即居中、时中，即每卦六爻之二爻为内卦之中，五爻为外卦之中。如果阴爻居二、阳爻居五位则既中且正，一般为吉，无咎。据统计，二、五爻吉辞最多，合计占

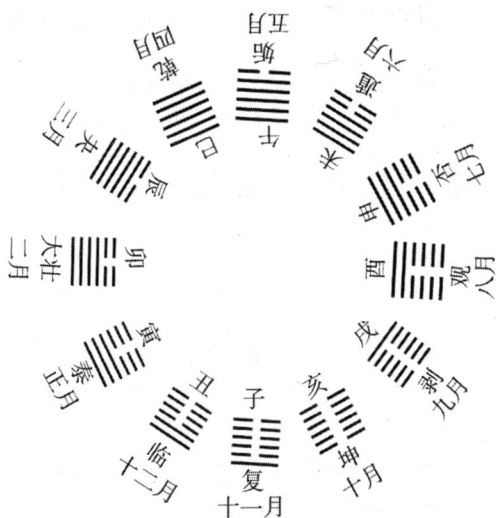

十二消息卦

47.06%，差不多是总数的一半。正是《系辞传》所说：

二多誉，五多功。

在这些关系中"应"与"中"最突出地反映了阴阳之和谐性，《周易》爻辞及《象传》和《彖传》从许多卦上表现了这一特征，也是整个

《周易》阴阳思维所追求的归宿。就六十四卦而言，凡六爻阴阳协调、和谐都为吉卦，如《泰》卦，初与四、二与五、三与上皆阴阳谐和，天地交通为泰。《既济》卦不仅阴阳全应，而且阴爻居二位、阳爻居五位，既中又正，象征事情有成，找到归宿。

《彖传》多处所言"消息"，指阴阳二气消长、屈伸变化。汉代易学家将阴阳二气在一年十二个月中消长变化的态势通过十二卦卦象形象地表征出来，就是十二消息卦。按照其中阴阳爻增减将它们排列组合起来，表示一年四季阴阳消长盈虚的变化规律。其顺序为：《复》《临》《泰》《大壮》《夬》《乾》《姤》《遁》《否》《观》《剥》《坤》，依次代表十一月、十二月、一月至十月。用传统的地支表示依次为子、丑、寅、卯、辰、巳、午、未、申、酉、戌、亥。

从《易经》体系看，卦与卦之间的关系也不是杂乱无章的，六十四卦的排列顺序体现了阴阳对应，一般是互为综卦排在前后位置。唐代易学家孔颖达将卦序的系统规律性总结为"二二相耦，非覆即变"。就是说每一组卦的两卦之关系或是覆，即两卦卦画相颠倒，如《屯》与《蒙》、《困》与《井》；或是变，即两卦卦画完全相反，如《坎》与《离》、《中孚》与《小过》。

34

《易》卦的这种内在联系还表现在卦名的含义上，如《乾》与《坤》、《泰》与《否》、《剥》与《复》、《损》与《益》、《革》与《鼎》、《既济》与《未济》都是如此，它们之间都是阴阳的协调与和谐，相反相成。

不仅如此，六十四卦还构成一个和谐的整体：上经始于《乾》《坤》，终于《坎》《离》。《周易正义》卷首说：

> 乾、坤者，阴阳之本始，万物之祖宗，故为上篇之始而尊之也。离为日，坎为月，日月之道，阴阳之经，所以始终万物，故以《坎》《离》为上篇之终也。

《序卦传》给我们描述了万物生于天地，经过蒙昧时期的成长，焕发出勃勃生机的过程。

下经三十四卦从《咸》《恒》开始，咸为交感，喻指男女婚配交感；恒为恒久，喻示男女结合白头到老。"有天地然后有万物，有万物然后有男女"，从单个人到组成家庭，联合成社会，渐次展开，充满矛盾，纷繁复杂。《既济》与《未济》表示事物相对完成又没有终止，无穷无尽。思维的和谐性、系统性在这里得以清晰地体现出来。

三、阴阳和谐思维的展现

《易传》多次使用阴、阳二字，并将它们看作相互对应、统一因而决定了事物变化的两种因素，以阴阳和谐理解《周易》，成为《周易》首要的解释系统。

首先，阴阳和谐思维从哲学高度、从宏观意

义上说明了宇宙整体的和谐与秩序性。 《象传》说：

> 大哉乾元，万物资始，乃统天。
>
> 至哉坤元，万物资生，乃顺承天。

36

这就把乾坤看作象征天地的符号，天地承顺关系体现了宇宙整体的和谐，而这种承顺性的和谐乃是万物生存不可缺少的前提。

《序卦传》所编排的六十四卦顺序图式，实际上是一个表征宇宙秩序性的"代数式"，整体的有序性意味着宇宙的和谐与平衡。而且，和谐还是包含差别、对立、矛盾的有序结构，可以称为要素的定位化以及定位化要素的协调，《系辞传》开篇即明言：

> 天尊地卑，乾坤定矣；卑高以陈，贵贱位矣。

《彖传》也说：

> 乾道变化，各正性命，保合太和，乃
> 利贞。

表明万物的协调化即"太和"，是一种高度理想化的宇宙整体和谐状态。《易传》把宇宙和谐性概括为阴阳之道：

> 立天之道曰阴与阳。
> 一阴一阳之谓道，继之者善也，成之者
> 性也。

就是说，确立天的道理有阴和阳两方面，一阴一阳的矛盾转化就叫作"道"，传承此道发扬光大以开创万物就是"善"，蔚成此道柔顺贞守以孕育万物就是"性"。

　　其次，整体和谐观念还包括阴阳之间不断地交感或变易，从自然界到人类社会都因阴阳交感而和谐有序，生生不息。

《泰》卦的卦象是天在下地在上，天为阳，地为阴，阳气上升，阴气下降，二气交感，万物化生。因此《泰》卦的根本意蕴之所以为通达，有大吉之征兆，正是来源于阴阳的交感。《彖传》将其阐释为：

38

> 天地交而万物通也，上下交而其志同也。

《咸》卦也是如此，卦象为兑上艮下，兑为阴，艮为阳，阴气在上，阳气在下，阴阳二气才能发生交易效应。天地以阴阳二气相感而万物生成，表现了自然界的和谐；人类社会以男女两性交感而家道亨通，表现了社会存在和发展的和谐。《彖传》对此作了精辟的说明：

> 天地感，而万物化生。圣人感人心，而天下和平。观其所感，而天地万物之情可见矣。

天地人三才（作者拍摄）

这是从更普遍的层面上肯定了"人心"与"和"的关系。"人心"侧重的是人的心理情感，"感"主要指人与人之间在心理情感上的相互作用与沟通，"和平"则意味着社会成员之间由分离、隔阂以及由此导致的紧张、纷争，走向融合、协调。从某种意义上说，人心之间的相感也可以看成是确立某种心理情感的秩序。天下的和平，则是社会本身的有序化。

就此而言，"和"的观念中包含着从心理情感的层面为社会的有序运行提供担保之意。事实上，与社会有序性相联系的社会认同，便包含着心理情感等内容。在一个充满敌意的世界中，个体对社会的认同往往存在心理情感方面的障碍。广而言之，人与人之间的相互信任、理解以及心理情感上的相互接近、沟通，是个体融入社会、履行社会义务、遵循社会规范的重要前提。《象传》认为通过"感人心"可以达到"天下和平"，无疑注意到了这一点。

40　　此外，《系辞传》也有多处论述，如引《中孚》卦九二爻辞后发挥道：

> 君子居其室，出其言善，则千里之外应之，况其迩者乎。

"应"即为感应、响应之意，只有心有所感才有行动所应。又如"感而遂通天下之故"，由阴阳交感到天下感应而通，达到"至神"境界。这方面的论述非常充分。

《否》卦则与《泰》卦相反，因为阴阳二气相互背离，不能交流、交通，形成否闭、阻隔。《否》卦从初爻到上爻，揭示了否闭的种种情况，到上爻达到极端即"否极"，为最严重的情况，也预示了向相反方向即《泰》卦所揭示的"通泰"的转化，此即所谓"否极泰来"。

通观《周易》的"经"与"传"可以看到，阴阳不仅是某个有形东西，而且是自然界特殊物体的"气"；阴阳不仅具有作为万物内在的本质属性，而且具有作为更根本的"道"与"理"的属性。阴阳和谐思维在《周易》中实际上表现为四个层次：

其一，表现在宇宙自然的宏观意义上。《说卦传》曰：

> 立天之道曰阴与阳，立地之道曰柔与刚。

乾道刚健以生物，坤道柔顺以成物，宇宙整体是和谐而有序的。

其二，表现在人与自然的关系上。天地为自然，人为自然而生，又反过来体悟和确证自然。《系辞传》说：

　　　　六爻之动，三极之道。

　　人道"仁义"与天道"阴阳"、地道"柔刚"贯通一体，天地人圆融会通。

　　其三，表现在人与人的关系上。

　　　　立人之道曰仁与义。

强调德性伦常，主张"保合太和"与"同人"之道，亲附聚合。

　　其四，表现在自身的修养上。如《系辞传》说：

　　　　安其身而后动，易其心而后语，定其交而后求。

主张身心平衡，倡导君子保全之策。

　　总之，阴与阳的对应、统一、和谐，贯穿在

《周易》构建的无限时空中，是《易》之为《易》的精髓和灵魂。《周易》阴阳和谐思维一经形成并被系统化、理论化为尚中求和的思维模式，它作为一种客观性精神力量，又反过来日渐渗入人的心灵世界，泛化到社会生活的各个领域，对中华民族的精神文化生活发生广泛、深远而持久的影响。

第二章　广业利世思维

在思维内容上，德与业并提、义与利并重，是《周易》的鲜明特点。"德"是德性、道德、品德；"业"指职业、事业、功业，"义"是"德"的体现和表现，"利"与"业"关系密切。在德与业、义与利的关系上，《周易》既主张崇德尚义，又主张广业利世。前者作为道德观深刻影响了中国社会与政治，后者作为价值观充分显示了易学哲学的生命力和活力。这两个方面共同构成了易学思维的基本内容之一，它重视一般人的进德修业，倡导君子崇德广业，追求盛德大业的理想境界。

一、进德修业

"德"字是个会意字。在甲骨文中，左边是"彳"（chì）形符号，古文表示道路、行动；右边像一只眼睛，眼睛之上是一条垂直线。"德"整个字的意思是直视"所行之路"的方向，遵循本性。在金文中，"目"下面又加了"心"，表示遵循本心、顺乎自然、不违背客观规律，就是"德"。在小篆中，右边的上方变成了"直"，因此"德"可理解为"直心"。

"德"是与宇宙同体的根本因素，是物之成为物的根本，也是人之成为人的根本。《周易》经传论"德"的地方比比皆是，"德"贯穿于各部分内容之中，可以说一部《周易》以"德"为重，《易》与人和德三者同体而异位，人若无德则不能知《易》。因此，帛书《易传》中《二三子问》

| 甲骨文 | 金文 | 篆书 | 宋体 |

"德"字演变

和《要》篇分别说：

> 德与天道始。
>
> 无德则不能知易。

"德"在《周易》中的含义不仅指人的德性、道德，指卦之德，而且指宇宙天地自然之"大德"（基本法则），类似于老子的"道"，人之德乃天之德的体现和具体化，二者相连相通。

义与德密切相关，以德为正，是德的具体化。《说文解字》云：

> 义，己之威仪也，从我从羊。

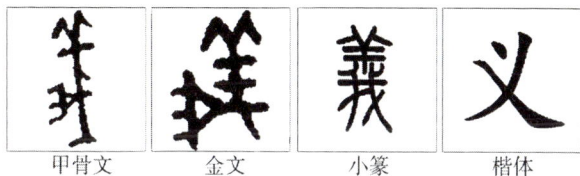

| 甲骨文 | 金文 | 小篆 | 楷体 |

"义"字演变

"义"的繁体字为"義"，在古汉语中，义由羊、我构成，源于对祭品分配均平和宜。上部是"羊"，表示"美"与"善"，下部是"我"，表示"真实不虚"。天下万事万物，之所以真实不虚，是因为有"我"存在，因而"我"代表"真"。

"美"，上为"羊"字头，下为"大"。一只吃奶为生、体弱不能自保的小羊，长成一只健硕的大羊，食草自活，奔跑迅速，健壮有力，就是"美"。

"善"的上部是"美"的变写，下部是"口"，把获得"美"的方法告诉别人，成就别人的"美"，就是"善"。

概括论之，真实不虚，说到做到，为"真"；

自得利益，自立自强，健硕有力，为"美"；有利益于他人，成人之美为"善"。真、美、善合而为"义"。将古汉语"义"为对祭品分配均平和宜的内涵推而广之，今天的"义"字主要指一种关于利益取予和分配的基本原则。

人来到世界上，首先面临的是如何由自然人成长为社会人，即真正的人。概括起来说，人在世间所做的一切无非是两大方面：做人与做事。做人是做事的基础和前提。

《周易》认为，人要立于天地之间，他的成长离不开教育，通过教育而获得德性、知识和能力。这就要在现实社会上进德修业。《文言传》对《乾》卦九三、九四爻阐发时明确说：

> 君子进德修业。忠信，所以进德也；修辞立其诚，所以居业也。
>
> 君子进德修业，欲及时也。

就是说，真正的人即君子，要不断增进美德，营修功业。忠诚信实，就可以增进美德；修饰言辞出于诚挚的感情，就可以积蓄功业。君子进德修业，就是要抓住时机、及时进取。

在这部经典中，我们看到德与业二者密切联系，相辅相成：进德是修业的基础和前提，进德有助于修业；修业是进德的完成和实现，修业进一步完善进德。进德与修业统一于人的成长过程。一般人通过不断增进美德、营修功业，成为真正的人即君子；君子崇尚德行、广大事业，通过精神境界再提升，最终达到宏盛道德、伟大事业的理想境界。这在传统文化典籍中独树一帜，别具特色，给人们以深刻启示。

鉴于在一般文献和本书其他部分中，德和义的方面都从不同角度被重视和强调，下面着重谈《周易》关于业和利的方面，即求利重业思想。

二、广业利世

《周易》认为，美德应表现于事业上。《坤》卦六五爻辞"黄裳，元吉"，《象传》解释为：

> 黄裳元吉，文在中也。

《文言传》加以发挥：

> 君子黄中通理，正位居体，美在其中，而畅于四支，发于事业，美之至也。

黄是大地的颜色，五色之一，居于中央，象征人具有中庸谦逊的态度。"黄裳"，黄色的下衣；"文"，指美德；"发于"，即表现于。按照《文言传》的阐释，君子应当像黄色，位居中央，通情达理；君子应使自己保持正当的地位，美德就具备于身体内部，畅达于四肢而活动自如；君子应当使美德向外表现在事业上，这才是美的极致。

具体说来，所谓美德应表现于事业上，包含两层意思：

第一，美德不外露方得吉祥。称得上美德的东西一定是深沉的，埋藏于人的思想深处，而不轻易外露于人，不自我炫耀，不哗众取宠。反之，则是金玉其外，败絮其中。不外露的美德意味着中庸谦和、谨言慎行。这样可以使自己安守本位、通情达理、条理分明、左右逢源。因此，自然会获得吉祥如意。

第二，美德通过事业得以表现出来。美德之于言行为本质，言行之于美德则为现象。美德不外露不是绝对不显现，并不是完全否定美德的自然表露。相反，人的德性修养总要在其言谈举止中显露出来，人的言谈举止总是从不同侧面展现出人的德性和素养。人的任何品德，包括美德在内，都是用以协调人与人、人与社会的行为规范，因而必然要在日常为人处世中表现出来，特别要表现在事业中。人的职业与事业是人生基本实践活动，不仅凝结着人的知识和技能，而且凝结着人的德性和人格。

《系辞传》说：

> 《易》其至矣乎！夫《易》，圣人所以崇德而广业也。

作者有感于这种境界而发出由衷地感慨：《易》道至善至美啊！《周易》是圣人用来增进、崇尚道德而广大事业的。

崇德广业是过程，这个过程应达到的价值目标是盛德大业。《易》道显现于仁德，潜藏于日用，圣人努力效法此道，则"盛德大业至矣哉！富有之谓大业，日新之谓盛德"（《系辞传》）。广泛获有万物叫作宏大功业，日日更新不断增善叫作盛美德行。盛美德行与宏大功业两方面的高度统一，就是君子之为君子的人生价值观。

就宏大功业而言，《系辞传》认为形而上之道与形而下之器，两方面的作用使事物交感化育而互为裁节就是"变"，顺衍变化推广而流行不滞叫作"通"，将这些道理交给天下百姓使用就是"事业"，即"举而措之天下之民谓之事业"。

《周易》十分重视人的功业、事业，充分彰显了《易》道的"致用""利用"，由此构成其思维论和价值论的最具特色的内容。

《易经》六十四卦三百八十四爻，并不是圣人随意设置而纯为娱乐游戏的工具，其创作凝结着众多圣贤、筹划人的性命安危，为民谋利致用的智慧。如《屯》卦《象传》解释说：

> 云雷，屯；君子以经纶。

云雷交动象征初生，君子应当像雷雨般的普施恩泽，在时局初创之际努力经略天下大事。

《观》卦六三爻辞：

观我生，进退。

意即观仰阳刚美德对照省察自己的行为，谨慎选择进退。

《颐》卦六爻大义是集中赞美"养人""养贤""养天下"的君子盛德。《井》卦以水井供人用水养人为喻，说明为民谋利、使民受福的意义。《益》卦则以《否》卦上卦损少一阳爻，下卦增多一阳爻而成的卦象，说明执政者减损个人财富，让民众得益的道理。《象传》说：

益，损上益下，民说无疆，自上下下，其道大光。

《系辞传》说：

损以远害，益以兴利。

类似的道理，我们还可以从《同人》《豫》《随》

《渐》《姤》《革》等卦旨中体悟出来，在此不一一列举。

功利是与德义相对的方面。《易经》卦爻辞中"利"字屡见不鲜，主要指是否有利于贞（占卜），是否吉利。《易传》中"利"字出现达近百次之多。《系辞传》谈"功"主要是指事功、功业等，如"易从则有功""功业见乎变""同功而异位"等。

《周易》的功利观认为，阴阳和谐便有利，刚抑柔、柔顺刚则多功，顺天应时获吉利，诚信、谦恭、团结有利。这方面的论述很多，在其他章节中已从不同侧面谈及，兹不赘述。

《系辞传》阐扬易道的经世致用，主旨在于为天下利：

> 夫《易》何为者也？夫《易》开物成务，冒天下之道，如斯而已者也。是故圣人以通天下之志，以定天下之业，以断天下疑。

意思是说，《周易》所以取天地之数，这是圣人用来开启物理、成就事务、包容天下之道，不过如此而已。因此圣人用易道会通天下人的心志、确定天下的事业、决断天下的疑难。

　　备物致用，立成器以为天下利。

56

意思是说，圣人的智慧之所以伟大，就在于备置实物让人使用，创成器具来便利天下。这也是圣人对易道的运用。

　　《系辞传》推论说，伏羲氏以编结绳子的方法来织成罗网用于围猎捕鱼，大概是吸取了《离》卦的象征意义（纲目相连而物能附丽）吧。神农氏砍削树木制成耒耜的耙头，揉弯木干制成耒耜的曲柄，这种翻土耘田农具的好处，可以用来教导天下百姓耕作，这大概吸取了《益》卦的象征意义（木体能入土而下动）吧。

　　黄帝、尧、舜垂衣裳而天下治，盖取诸

《乾》《坤》。刳木为舟，剡木为楫，舟楫之利以济不通，致远以利天下，盖取诸《涣》。服牛乘马，引重致远，以利天下，盖取诸《随》……上古结绳而治，后世圣人易之以书契，百官以治，万民以察，盖取诸《夬》。

（出自《易经·系辞下》）

《系辞传》举出多种事例，用来证明圣人作《易》是人类生产和生活实践经验的总结，而易道一旦被人们认识到，运用于生产和生活实践中，就会产生广泛而巨大的实用价值。这里显然有溢美和赞美之词，但透过溢美之词可以看到实际上表达了事物规律性与价值性的统一，并设想了按照规律而行动达到价值实现的方法和途径。

道德作为人的存在方式，难以离开价值关怀，这种关怀往往通过人而赋予道德以实质的内容。从实质意义上看，善的追求总是内含着对利益、幸福的追求和向往，存在的完善也以利益和幸福为题中应有之义。如果将善与吉、利、福等截然隔绝，则往往导致善的抽象化和玄虚化。

《周易》在崇德求善的同时，又十分重视经世致用的功利方面，对天下百姓命运的吉凶祸福予以终极关怀，其崇高旨趣始终着眼于推天道而明人事，观成败以预见未来，始终置于普通人的生活中，追求趋吉避凶、趋利避害、祈福远祸。

这显然有助于防止把易道仅仅当作劝人行善的道德说教，有助于削减道德人本主义的空泛性、抽象性和虚伪性。由此显示了《周易》在传统文化典籍中的独特地位与鲜明特色，使《周易》义理具有恒久的生机与活力。因此，《系辞传》对易道的功用加以赞美：

精义入神，以致用也。

制而用之谓之法，利用出入民咸用之谓之神。

法即仿效、法象制器，神即神奇、神妙无穷，即

"百姓日用而不知"也。

三、利物足以和义

德义与功利的关系，中国哲学从先秦开始就展开了热烈而持久的讨论，形成了著名的义利之辩。《周易》以其崇德广业、利物和义为基本内容，形成了富有特色的义利观。它所讲的义利关系，主张二者统一，反对割裂开来。具体说来包含三层意思：

第一，以义为上，以义制利。仁义之于人是立身行事的基础，也是衡量人之为人的道德标准。《周易》处处以义与不义作为评判思想与行为吉、凶、悔、吝、利、厉等的最高准则，认为利必须合于义。如《明夷》卦《象传》说：

君子于行，义不食也。

强调不合于义的饭不能吃，司马光《易说》解释说：

唯义所在，不食可也。

《贲》卦《象传》说：

舍车而徒，义弗乘也。

说明不乘不义之车。虽没有否定利，但利必须受义的制约。

第二，义以生利，利在义中。《序卦传》云：

《需》者，饮食之道也。

司马光《易说》明确指出：

饮食者何？福禄之位也。

说明人类生命与繁衍离不开物质利益。

《易传》重视天下公利，逻辑上肯定了作为众生之个体的百姓追求物质利益的正当合理性。《系辞传》明确说：

> 圣人之大宝曰位。何以守位，曰仁；何以聚人，曰财。理财、正辞、禁民为非，曰义。

读过《易传》我们看到，凡是利的结果，必有义的动机，只要合于义就有利存在。朱熹说：

> 正其谊则利自在，明其道则功自在。（《朱子语类》卷三十七）

这显然是对董仲舒所谓"正其谊不谋其利，明其道不计其功"偏差的矫正。《系辞传》说得十分精当：

　　君子安其身而后动，易其心而后语，定其交而后求。君子修此三者，故全也。

此语肯定了君子应坚持利与义统一，对人的修身养性也有很强的警示意义。

　　第三，义利合一，相互为用。德和义不是空洞、抽象的说教，而是与人自身修养和实践分不开的。道德修养和伦理实践不仅仅是为了人格的提升服务，而且德、义可以致用，必须致用以获吉利，才能身心协调，内外和谐，把人的纯德性生命转化为兼利的生命。

　　《颐》卦强调"养正"，即养体与养心结合，自养的基础上还应养人、养天下。因此，《乾》卦《文言传》作了十分明确的、精辟的表达：

　　　　利者，义之和也。……利物足以和义。

也就是说，利在义中，义在利中，二者互为用，圆成统一。但当义与利发生冲突时，即二者不能相合时，《易传》认为应以义为重，甚至舍利取义，"君子以致命遂志""君子于行，义不食也""君子以惩忿窒欲"等说法，就是这个意思。

总之，《周易》经、传认为德、义、利三者具有内在统一性：德以正义，义以统利；义以生利，利在义中；利以和义，义在利中，义以进德。三者以德义为重，圆成统一，构成传统道德的核心内容。

《系辞传》说：

> 精义入神，以致用也；利用安身，以崇德也。

这是对德、义、利辩证关系的高度概括。三者统一体现了社会稳定与发展的要求，它所构建的社会是德、义、利圆成的社会，无德义或利益穷匮贫乏的社会都与它的基本精神相背离。处理德、义、利关系的原则在任何社会都具有普遍意义，它已经成为中华民族精神的一个重要方面，在今天更应提倡和坚持这一原则。它要求人们，崇德向善，义以为上，见利思义，做到自觉遵纪守法，利国利民，担负起自己应有的责任，努力实现自己的人生价值。

第三章 应时与革故鼎新思维

　　世界上的任何事物无不处于一定的时间和空间之中，万事千象都是在特定的时间和空间中存在、变化、发展的。万物皆流，无物常驻。人怎样看待和应对时空？人怎样"吐故"与"纳新"？《周易》及易学给人们许多启示，在思维内容上，其特点除了阴阳和谐思维、广业利世思维，还有应时思维与革故鼎新思维。

一、明时与应时

宋代著名哲学家程颐曾明确指出：

　　　看《易》且要知时，凡六爻，人人有用。
（《二程遗书》卷十九）

他这句话抓住了读《易》的关键。《周易》中多
处言"时"，时的哲学贯穿于经传中。仅《易传》
的《象传》中赞美"时大""时义大""时用大"
的就有《豫》《随》《颐》《大过》《坎》《遁》
《睽》《蹇》《解》《姤》《革》《旅》十二卦之多。

　　应当说明，时间和空间在西方哲学中被看作
具有彼此独立的地位，各自都是独立存在。在
《周易》中，与空间相比，时间更被看重，并且
"时"的含义又比时间更宽泛、宏大。六十四卦每

一卦六爻都有自己的位，即空间，是否"当位"标志着事物所处的状态，但不管"当位"还是"不当位"，都要看其发展对应的时段，即从根本上说"位"受限于"时"。

首先，《周易》要求人们必须奉天明时。人和万物存在于其中的宇宙是感性具体的时的存在，时首先是"天时"。天时由日月等宇宙天体运行而来，今人以形象化的"时光隧道"等方式呈现。天时具有不可逆转的必然性、规律性：

天地以顺动，故日月不过，而四时不忒。（《豫·彖》）

忒，即差错。天时就是日月四时推衍。《易传》讲天时不仅特别强调四时，而且有意识地把节气和卦象相配，用以说明卦、爻象和卦、爻辞。《易传》把"天时"观念贯彻到社会、人生之中，人的性命也是一种感性具体的时的存在。天道变化、地道顺成，宇宙万物各得以正定其性命，即"乾

时光隧道（牛晶晶绘制）

道变化，各正性命"。

"人时"是"天时"的贯彻与落实。《周易》视野中的人时，实际上包括人类社会整体所处的时势、时机和现实个体人生所处的时遇、时机。无论社会整体或个体人生，都必须把握"时"而从事实践活动才能成功。现实的个体人生，总是特定时段上的存在，时机和时遇是先于个体而存在，成为现实人生书写其生活篇章、展开其生命历程的前提。因此人生的开篇就在于奉天明时，就是要对其所处的宇宙之时与社会之时有明晰的认识与把握。这就是人们常说的一句哲理：识时务者为俊杰。

其次，《周易》强调人们应当顺天应时。时遇是人不可自主选择的，人的现实生活只能以生而遭逢的时遇为出发点。但并不意味着人在时遇面前完全是被动的存在物，恰恰相反，人在明时之后可以自主地顺天而乘时、应时。人完全可以通过对"时"的主动回应，使自己成为能够顺利驾驭现实时遇的主体性存在。通过积极主动地乘时、应时而进德修业、崇德广业，以成盛德大业，开拓人自身理想的生存与发展的天地。

顺天应时的关键在于确立人的主体性，这是人生价值论的基点。主体性是人之为人而区别于其他一切动物、植物、生物的根据。《周易》不仅以"三才之道"确立了人与天、地鼎立的地位，而且主张以人为中心来审视和处理宇宙间的一切事务，与天地"参"，挺立人的主体性。《系辞传》说：

> 天地设位，圣人成能；人谋鬼谋，百姓
> 与能。

天地设立了刚柔尊卑之位，圣人依此创成大《易》广施功用；于是人的谋略沟通了鬼神的谋略，连寻常百姓也能掌握《易》的功用。又说：

> 君子将有为也，将有行也……参伍以变，
> 错综其数；通其变，遂成天地之文；极其数，
> 遂定天下之象……能通天下之志……能成天
> 下之务。

君子在天地之间大有作为，人的主体能动性得到充分彰显。《易传》所褒扬的就是，人要从自身出发，拓展属于自己的人文世界，建立起属于自己的天人之序，构成符合自己价值理念的天人关系图景。

《周易》所谓顺天应时包括两种情形：当人们遇到较为顺利的时机如《泰》卦之通泰时，要冷

时钟（牛晶晶绘制）

静理智地对待并倍加珍惜、充分利用之，以成就一番"大有"的事业，但要有谨慎自警的忧患意识，不可忘乎所以。当遭逢到不理想甚至艰难时势如《否》卦的否闭处境时，也不必悲观、颓废，更不能自暴自弃，而要振作发奋，逢凶化吉，刚健有为，生生不息。

《周易》认为奉天明时在于顺天应时，顺天应时的理想状态为与时偕行。人们在掌握了"时"的规律后，就可以按照事物发展的规律主动把握时机。

一般说来事物发展过程大致可分为以下几个

阶段，因而与时偕行也需要相应地把握如下时机：

一是事物刚出生力量比较薄弱，需要"待时"。

二是事物有所发展，利于行动的时机到来，需要"解时"。

三是事物发展已经成熟，达到全盛时期，需要"时中"。

四是事物发展到终极，已经不能维持平衡，需要"革时"。

二、从革适变

《周易》时位思想的深刻之处在于强调变革，从革适变是从明时、应时中得出的必然结论。分别创作于殷周之际、春秋战国之间的古经和大传，是当时天与人、因与果、天命不易与靡常相互冲突、融合的产物。频繁的动荡、重大的社会变革、深刻的天人转换，催生和启迪了《易》作者的灵感和智慧，故有六十四卦之《革》卦。《革》卦的经与传酣畅淋漓地表达了从革适变、革故布新的哲理。

《革》卦位居六十四卦的第四十九位，上卦为兑，兑为泽；下卦为离，离为火。水下浇而火上腾，水火相克，在水与火的斗争中，万物变化，有生有灭。然而，生者又复灭，灭者又复生。从人类社会历史来看，夫妻不和睦则易生家庭变故，君臣不和睦则易致王朝更替。然而在社会整体意义上，家庭还将延续，王朝还有代兴。

《革》卦卦象

易学家认为，鸟类退旧羽，兽类换新毛谓之

革；春夏秋冬四季推陈出新谓之革；江山易主，易服色，改正朔谓之革。"正"代表正月，"朔"代表初一。历法制度关系社会民生，"改正朔"就是新政权建立后在历法上重新确定一年的正月初一是哪一天。这些都体现了除陈布新的规律，所以卦名曰《革》。《周易》的变化革新之道在这里又得到进一步体现。

《象传》对《革》卦意蕴的阐发有两点值得注意：

第一，"革而当"，既指"大亨以正"，也就是推行为国为民的勇敢变革，出于大公无私之心；同时又须准确把握变革之时，强调变革时机得当，人们要善于把握机遇。

第二，"顺乎天而应乎人"，天地之革与人文社会之革互涵互摄，贯通一体：

> 天地革而四时成，汤武革命，顺乎天而应乎人，革之时义大矣哉！

武王伐纣（明代）

这是推天道以明人事，借历史史实来赞扬变革。就是说，天地变革时令而成四季之气候。商汤和周武王，通过发动革命分别取代夏桀和商纣王，这是顺天应命的义举。依时变革，就能使天地常新，显示出伟大的历史作用。

战争和社会革命是重大历史变革，但毕竟不会经常发生。在当今社会，方方面面的改革和变革时常发生，并推动社会不断进步。下面我们以企业变革为例来解读《革》卦的爻辞，六句爻辞说明了变革的六个阶段。

初九，巩用黄牛之革。

在变革的开始阶段，人们的观念、公司的制度和组织结构还保有原来的样子，牢不可破。此时不易有太大的举措，要慢慢寻找变革的时机和契机。

六二，巳日乃革之，征吉，无咎。

表明当事态发展到转折点的时候就要果断出击，往前进发，可以取得很好的效果，必有吉祥。古人用十二地支纪日，"巳"排在十二地支的中间位置，即事情即将过半，到了发生转折的时候。因而"巳日"可以理解为转折点。

九三，征凶，贞厉；革言三就，有孚。

公司启动变革后不要急进，急于求成会发生凶险，要以正防危；"三"不是确切数字，代表"多"的意思，对于变革的言论，要多次研究，周密考虑，赢得人们的信赖。变革的过程中难免触动多方面的利益，要尽可能地听取各方面的建议，才能最大限度地减少变革的阻力和损失。

九四，悔亡，有孚改命，吉。

表明前一阶段变革所取得的成果已经得到了大家的认可，但人们对于是否坚持下去还心存疑虑，仍旧需要引领他们坚定变革的信心，这样才能保证变革顺利进行到底。这也就是强调了树立新的愿景和目标对于变革成果具有重要作用。

九五，大人虎变，未占有孚。

这个阶段说明，经过变革试点，对公司新目标的理解已经深入人心，新的方针政策已得到贯彻执行，新的组织结构已运转正常。此时，主要领导者可以像猛虎一样推行深层次变革，把试点的成功经验和成果全面铺开，将改革引向深入。

上六，君子豹变，小人革面；征凶，居贞吉。

78

最后一爻说明企业领导者要逐步推行变革，大事才会有所成。虽然此时连反对者表面上也顺应改变旧日倾向和面貌，但这时激进仍会有凶险，还是要坚持变革步骤逐步推进，扎扎实实，以争取最后的全面胜利。

三、革故鼎新

《革》卦上下卦翻转，打个颠倒就变成了《鼎》卦。《鼎》卦居六十四卦第五十位，上

《离》下《巽》，巽为风，火风鼎。《离》在《革》《鼎》二卦中，位置不同，象征有所不同。《离》在这里变为上卦，不再单纯是火的形象，而可以理解成为一种内空的容器，如箱如盒，也可以看作是锅；下面的《巽》是风，是木柴，是烟，是可以加热的东西。因此《革》卦与《鼎》卦就成了综卦。

《鼎》卦卦象

《彖传》对《鼎》卦阐发道：

鼎，象也。以木巽火，亨饪也。圣人亨以享上帝，而大亨以养圣贤。巽而耳目聪明，柔进而上行，得中而应乎刚，是以"元亨"。

《象传》说：鼎，是法象之器，也是烹饪养人的物象。《鼎》的内卦为《巽》，巽为木；外卦为《离》，离为火。木柴顺从火而燃烧，这是烹饪的基本情状。圣人烹饪食物来祭祀天帝，君王大规模地烹物来奉养圣贤。烹物养贤可以使贤人谦逊顺从辅助君王，君王因而就能耳聪目明。此时君王作为尊者凭着谦柔美德前进向上直行，高居中位又能下应阳刚贤者，所以至为亨通，大吉大利。

《鼎》卦既然是鼎的形象，既包括了古代用木柴烧火热锅煮饭的原始意义，也譬喻事物调剂成新之理，其中象征国家政权，蕴含行使权力、经国济世、自新新人之义。我们把《鼎》卦与《革》卦联系在一起，就有了如下具体而丰富的意义：宇宙天地自然界中不断发生着如秋末之革故和春初之鼎新现象，人类社会国家政权不断发生着革故鼎新的变化，永无休止地上演推翻旧政权、建立与巩固新政权的活剧；人类在劳动生活过程中，通过鼎变革旧物、创造新物，无论是做饭、制药、制革、酿酒，还是古人炼丹、今人进行化

鼎

学试验，都必须利用鼎这种变革的器物，利用这种器物，都可以达到革故鼎新的目的；鼎器功用之所以能成，事物新的规制之所以立，必须依赖多方面的纯正、坚实"力量"的同心协力；人在自然与社会这个"大鼎"中，也不断发生着革故鼎新的变化。世界日新月异，人们也不断提升自身真善美健的水平，不断创造着功德事业，享受着人生幸福。

　　无论从哪一个层次而言，我们都可以将革与

鼎作为变革的两个阶段：第一阶段是革故，破除旧的；第二阶段是鼎新，创立新的。无论天地自然还是人类社会，无论是自然过程还是人为过程，都有一个革与鼎的最好时机、最好方式和过程、最好结局的问题。《革》与《鼎》，《易经》这一对综卦，让我们开启革故鼎新的智慧眼、智慧门，实在是太妙了！

82

如果说《革》卦是动物革去原来的不适应气候的旧毛，那么反过来，《鼎》卦就是动物生长出适应新气候状态的新毛。从这个原始意义出发，古代先哲将这二卦联系在一起，排列在六十四卦的第四十九和五十位。万物都会在特定的条件下处于《革》卦状态，又都会通过复杂的变化达到《鼎》卦状态，前者是革故，后者是鼎新，前者是让应该去的去，后者是让应该来的来，有去有来，往来成古今。《系辞传》称作"彰往察来"，我们今天叫作融旧铸新、继往开来、继承发展。这就是人生，这就是人类，这就是历史。在此，革故鼎新的思维得以充分彰显。

第四章　形象思维

从漫漫历史长河来看，人类在最初数万年的进化过程中完全生活在景象世界里，其形象思维是先天性的，可谓历史悠久。而文字符号则是后天发明的，使用文字表达是人们经过学习而获得的能力，才不过几千年的历史，借助于文字而发展成熟起来的抽象思维和逻辑思维，时间则更短一些。《周易》古经到《易传》的创作，反映了华夏民族从形象思维向抽象思维的过渡。

一、形象思维的基本特征

形象思维是人们运用表象、直感、想象等形式，将对象的有关形象信息以及贮存在大脑里的形象信息加以提取、调配和运用，从而从形象上认识和把握研究对象的本质和规律。

形象思维并不仅仅属于艺术家，它也是科学家进行科学发现和创造的一种重要的思维形式。例如：物理学中所有的形象模型，像电力线、磁力线、原子结构的汤姆逊枣糕模型或卢瑟福小太阳系模型，都是物理学家运用抽象思维和形象思维相结合的产物。众所周知，近代物理学家牛顿观察到苹果从树上坠落，由此得到启发，通过进一步思考提出了著名的万有引力定律。伟大的科学家爱因斯坦创立广义相对论，实际上就是缘起于一个自由的想象。一天，他正坐在伯尔尼专利

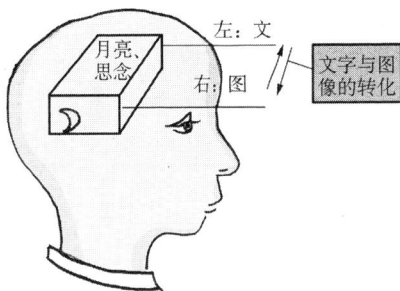

形象思维（牛晶晶绘制）

局的椅子上，突然想到，如果一个人自由下落，是会感觉不到他的体重的。爱因斯坦说，这个简单的理想实验"对我影响至深，竟把我引向引力理论"。

形象思维的基本特点是：形象性、非逻辑性、粗略性、想象性。由于表达的工具和手段是能为感官所感知的图形、图像、图式和形象性的符号，形象思维因而具有生动性、直观性和整体性的优点。人类童年时期，蒙鸿初开，思维幼稚，体认事物和判断是非，只停留在感性认识阶段，还没有发展上升到理性思维的高度，人们只能以具体物象为思维媒介，通过模拟、仿照具体物象进行形象

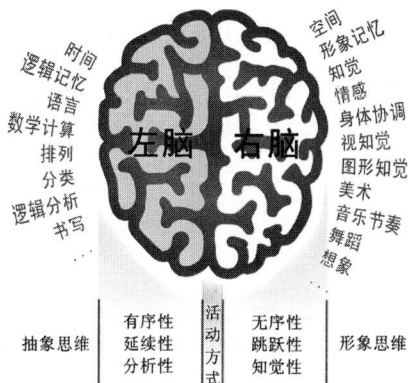

空间
形象记忆
知觉
情感
身体协调
视知觉
图形知觉
美术
音乐节奏
舞蹈
想象

时间
逻辑记忆
语言
数学计算
排列
分类
逻辑分析
书写

左脑　右脑

抽象思维	有序性 延续性 分析性	活动方式	无序性 跳跃性 知觉性	形象思维

人脑与形象思维（牛晶晶绘制）

化的比拟，然后得出结论。换句话说，也就是观察、模仿产生了人类童年的具象思维和意象思维，这大致都属于形象思维。

我们阅读《周易》古经和大传，不难发现其中闪烁着先民思维的哲理火花，更感觉到有形象思维在充分地发挥作用——哲理往往伴随着形象"涌现"。一部《周易》以"象"为基础组成，六十四卦及三百八十四爻，卦卦有象，爻爻有象，其所象征和隐喻的事物，几乎囊括了自然与人类社会的方方面面。从现代文学理论看，形象思维范畴中的具象思维、意象思维、联想与想象思维等，均可在《周易》中找到一定的理论陈述和实践范例。概括起来说，《周易》的形象思维方式，一是"观物取象"，一是"法象制器"。

二、观物取象

"观物取象"，这里所说的"观"是指对具体物象的观察，既有仰观远观，也有俯察近观；"取"既是提取、取舍，也是模拟、比照；"象"是指事物的物象，又是卦象及其象征。从观物出发，到模仿物象以创设卦象，继而据卦象断定吉凶，探求义理，首先是具象思维的表现。《周易》"观物取象"的范围很广，既可以"远取诸物"，也可以"近取诸身"。

例如，人们看到天高高在上，呈现出一派高大尊贵之象，它忽晴忽阴忽雷忽雨忽雪，显得雄健霸道，因而认为天是尊贵的、刚健的；大地蛰伏在下，呈现出低下卑微之形，任人踩踏耕作种植，显得温顺柔弱，因而认为地与天呈现出不一样的象征，大地是卑微的、宽厚的、柔顺的。《周易》《乾》《坤》两卦就是仿照天地之象形创制出来的，因而也显示出一尊一卑的地位。这就是仰观远观，就是"远取诸物"。

"观物"，除日月星辰宇宙天体、山川河流这些巨型物质外，还包括动物、植物乃至日用器物等等物象。《周易》中出现的动物形象很多，主要有龙、鹿、龟、鱼、虎、豹、狐、鹤、鸿、隼、马、牛、羊、猪、鸡等，可谓是自然界野生的飞禽走兽、传说中的神奇异物、饲养的家禽家畜无所不包。如《乾》卦和《坤》卦分别取龙与马的形象，《屯》卦取"入于林中"的鹿的形象，《履》卦取"履虎尾"之象，《大畜》卦有"童牛之牿"的象征，《大壮》卦取蛮横无理、直撞篱笆的羝羊形象，《解》卦有"公用射隼"之象，《渐》卦取鸿雁的形象等等。

羝羊触藩（清代）

《易经》中摄取的植物形象则主要为瓜（葫芦，也叫作瓠瓜）、果、杞、茅茹、白茅、苞桑、枯杨、蒺藜等。例如，《泰》卦中取"拔茅茹以其汇"的物象，《否》卦取"其亡其亡，系于苞桑"之苞桑的形象，《大过》卦取"生稊""生华"之枯杨形象，《姤》卦取"有陨自天"的杞瓜形象，《困》卦取"据于蒺藜"的象征等。

《周易》中出现的日用器物形象有井、鼎、车、床、栋、革等。例如：专有以井为喻象的《井》卦、以鼎为象征的《鼎》卦。《剥》卦取"剥床"的形象，《大过》卦取"栋桡""栋隆"之形象，《既济》卦、《未济》卦取"曳其轮"的车舆的形象等。

葫芦（作者拍摄）

　　"观物取象"当然也包括"近取诸身"。《周易》所取人体部位有趾、拇、腓、股、臀、腹、口、颊、舌、鼻、耳、目、肤、足、身、首等。例如：《咸》卦从初爻到上爻，依次分别对拇、腓、股、脢、颊作了细致的描述；《艮》卦自下而上取趾、腓、限、夤、身、辅之象也依次展开论述。

　　上述所取物象，从宇宙宏观天体，到自然界动物、植物乃至日用器物等，作者摄取这些人们所熟知的物象，通过模拟、仿照创设卦象，目的是为了" 类万物之情""通神明之德"，用以说明某种事理，表达某种思想，借以阐发《易》的精微义理。这其中蕴含着丰富的形象思维，展现了先贤的智慧。

《系辞传》的作者认为，《易经》是圣人仿照自然、人事的各种现象揣摩和编制出来的，是对自然、人事各种现象观察与描绘的产物。因为这些认识大都是具体物象在人们的头脑中的反映，从天高地低、天刚地柔、日月运行、寒暑推移的宏观世界，到自然界的龙飞马奔、虎视豹变，再到人类社会生活的剥床溅井、自求口食、咸拇艮趾等等，所以《系辞传》作者把认识的对象概括成"形""象"两字，并明确地说：

　　在天成象，在地成形。

这种看法，已经十分清楚地显示了形象思维在人们认识世界中的意义。

三、法象制器

"法象制器","法"是效法、学习,这是与上面"观物取象"相反的过程,也是前面过程后的实践运用,即把观物取象后创设的卦象作为蓝本,通过模拟卦象而制造出来各种具体器物,供人们生产和生活使用。

《系辞传》举出许多事例加以说明:

远古时代伏羲氏模拟《离》卦纲目相连而物能附丽的象征,"作结绳而为罔罟,以佃以渔",于是发明了编结绳子的方法而制成罗网,用来围猎捕鱼。

神农氏则模拟《益》卦木体能入土而下动的象征,"斫木为耜,揉木为耒,耒耨之利以教天下",就是砍削树木制成耒耜的头,揉弯木杆做成耒耜的柄,这种翻土耘田的好处可以用来教导天

河姆渡出土的骨耜和装有木柄的骨耜复原图

骨耜

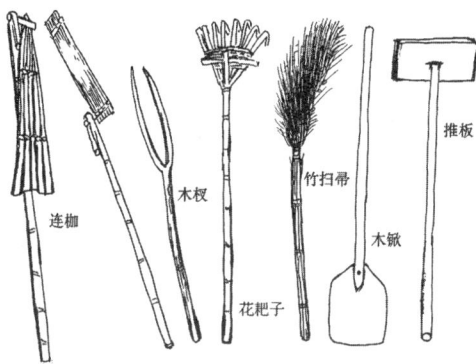

连枷　　木杈　　花耙子　　竹扫帚　　木锨　　推板

农具（《大清会典》）

下百姓耕作土地。类似于今天在农村偶尔还能见到耕田的犁、耘田的耙等农具。

模拟《噬嗑》卦上光明下兴动而交往相合的卦象，"日中为市，致天下之民，聚天下之货，交易而退，各得其所"，就是规定中午为集市，招致天下的百姓，聚集天下的货物，交换贸易然后回家，各人都获得所需要的物品。

黄帝、尧、舜模拟《乾》《坤》二卦的上衣下裳的象征，"垂衣裳而天下治"，就是改进服装制作让人们穿着长垂的衣裳而天下大治。

模拟《涣》卦木在水上而流行如风的象征，"刳木为舟，剡木为楫，舟楫之利以济不通，致远以利天下"。他们挖掏树木成空做好船只，削制木材成为舟楫，船舟桨楫的好处可以用来济渡江河，直达远方而便利天下。

《系辞传》的作者还进行更多的猜测：

> 上古穴居而野处，后世圣人易之以宫室，上栋下宇，以待风雨，盖取诸《大壮》。

耙（作者拍摄）

就是说，上古时候的人在洞穴中居住而生活于野外，后世的圣人加以改造，教会了老百姓建筑宫室房屋，宫室上面有栋梁，下面有檐宇，用来抵御风雪和野兽，这大概取于《大壮》卦上动下健而大为壮固的象征。

古之葬者，厚衣之以薪，葬之中野，不封不树，丧期无数，后世圣人易之以棺椁，盖取诸《大过》。上古结绳而治，后世圣人易之以书契，百官以治，万民以察，盖取诸

《夬》。

就是说，古时候丧葬的办法，只用柴草、席子厚厚的裹缠着死者的遗体，埋在荒野之间，不堆砌坟墓也不植树木，没有限定的居丧期数。后代圣人发明棺椁改变了过去的丧葬习俗，这大概是取自《大过》卦大事不妨过厚的象征吧。远古的人们系结绳子做标记来处理事务，后代圣人发明契刻文字改变了过去的结绳记事的方式，百官可以用它来处理政务，众多黎民可以用它来稽查和记录琐事，这大概是取《夬》卦断事明决的象征吧。

可见，《周易》中形象思维的例证是非常丰富的，涉及古人生产和生活的许多方面。这表明，形象思维在《周易》一书中得到显明的呈现，起着极其重要的作用。

观物取象与法象制器，涉及天地万物、文化艺术及百工技艺，这显然已经不是物象的简单抄袭与复制，而是包含对物象的相关信息进行提取、取舍、加工、整理等，也包括对物象的新组合与

虚则欹 中则正 满则覆

欹器（清代）

再创造。

例如，根据《谦》卦所言谦虚之象，根据《损》《益》二卦之理，孔子为代表的先秦儒家十分重视阐发"谦受益，满招损"的人生之道和生存智慧，并大力推崇由灌溉农具而制作的礼器——欹器，这也是法象制器的综合运用和经典案例。《周易》所涉及的取象和制器范围，已远远超出古希腊亚里士多德所谈论的艺术创造领域，但却比亚里士多德带有直观的朴素性。因而可以说，

第四章　形象思维

产生于殷周之际的《周易》中的形象思维的宝贵记载，堪称中国古代形象思维的源头，甚至也可以说是人类形象思维的源头。

《周易》中的形象思维，对中国古代文学、美学、音乐、绘画、诗歌等都产生了一定影响。巫术活动建立在一种形象直观的思维之上，充满大胆离奇的想象，并且它是远古人类战胜自然、使自身得以保存和发展的生命冲动与强大力量，内涵其中的想象、情感、生命、表现性等，都是文学艺术十分重要的因素。儒家经典《乐记》最早运用《易传》思想来说明音乐、舞蹈等。南朝刘勰的《文心雕龙》以《周易》思想原理为根本，建立了中国历史上最有理论系统性的文学理论，包含丰富的审美意识。现代著名画家李苦禅、黄宾虹等先生都提倡用《周易》阴阳变化去解释书画，用阴阳二气作为变化内容。著名学者李朴园说：

中国最早的文字是八卦。

书可以说起源于八卦，画也可以说起源于八卦。

可见，《周易》形象思维对中国文化的影响是广泛的，并不局限于某种形式。

第五章　数术与运数思维

　　人类思维从大的角度可以分为内容和形式两个基本方面。阴阳和谐、广业利世、应时与革故鼎新几方面侧重思维内容，从谈论形象思维，我们已经开始侧重人类思维的形式方面。从人类认识发展史上看，如果说形象思维是起源最早的一种形式，那么可以说数术与运数思维也是人类早期就出现的另一种思维形式。

一、从象到数

　　无论是"观物取象"，还是"法象制器"，都说明在易学思维中"象"是十分重要的。象与数在《周易》中又有着密切的联系，象与数相关，数离不开象，因而易学史上形成了专门探讨象与数的重要学派，即象数学。可见，在《周易》中关于"数"的数术与运数思维，与关于"象"的形象思维是有内在联系的，因而上面谈论象数思维之后，下面马上再来谈一谈数术与运数思维。

　　关于象与数的关联，《左传·僖公十五年》载韩简之言曰：

　　　　物生而后有象，象而后有滋，滋而后有数。

乌龟生出来背上有花纹，之后生长，长大之后花纹裂开了，形成好几块。引申的含义就是有物体才有形象，有形象并生长后才会分出数目。《系辞传》说：

> 参伍以变，错综其数。通其变，遂成天地之文；极其数，遂定天下之象。

就是说，三番五次地变化、研究探求，错综往复地推演蓍数，会通其变化，就能形成天地的文采，穷究其蓍数，就能判定天下的物象。这是中国古代的象数学根据。

无独有偶，在古希腊，毕达哥拉斯学派以"数"的崇拜为宗旨形成独特的思想学说，认为整个宇宙就是数与和谐，一切天体的运动都服从于数学规律。其著名思想家菲洛劳斯（Philolaus，约公元前480年生于塔伦托姆或克罗托内，今意大利南部，卒年不详），曾说过一段话，十分张扬"数"之神奇：

毕达哥拉斯与菲洛劳斯（中世纪木刻）

庞大、万能和完美无缺是数字的力量所在，它是人类生活的开始和主宰者，是一切事物的参与者。没有数字，一切都是混乱和黑暗的。

在中国古代文化中，关于"数"的观念由来已久。譬如，在远古时代就存在的"结绳记事"，反映了华夏民族早期生产和生活情状。其实，那时结绳所记之"事"包括多方面，可能是狩猎所获的一只野兔，可能是下水捕捞到的几条鱼儿，也可能是采集到的众多果实，等等。这里的"一

上古巫术（伏倩倩绘制）

只""几条""众多"，已经是数量。至于后来的代数学、几何学，则分别是从计算物体数量关系、丈量土地面积起源的，说明古代人们在早期生产和生活实践中已经开始了对于"数"的认识和思维。

数术和运数思维在中国古代早期就已肇始，萌芽于上古时期的巫术之中。传说人文始祖伏羲画八卦，是因为受到了《河图》与《洛书》的启示。后来到了宋代，有人根据这种传说分别用虚实两种圆点绘制了两种图示，揭示了《河图》与《洛书》内涵的数术和运数思维。《周易》创作时代，先民就有"历数""律数""运数""礼数""气数""九宫数"（据此早有数学幻方，今天有风靡世界的魔方）等等，这些说法十分繁杂，在此不作一一讨论。

随着《周易》创作，数术和运数思维更加清晰，有了显著发展。《易经》中卦爻辞有卦数、卦序、爻数等，《易传》又提出了"天地数""大衍数""万物数""倚数""策数""逆数""极数"等。"数"在易学象数学中，不仅是极其重要的组成部分，而且充当中国文化的重要角色，表现了远古时期的先民所具有的天文、地理、人伦、哲学、艺术、原始宗教、日常生活等方方面面的知识。

二、极数通变与天地之数

首先，从《周易》古经体系构成上来看，八卦由"--"和"—"两爻象三重排列构成；六十四卦又是由八卦加以重叠推演而成，或者说，由"--"和"—"两爻象六重组合构成。其中蕴含着精密的运数思维。看来，排列组合的数学原理，在中国古代就被深入了解并加以成熟地运用。因此，冯友兰先生称《周易》为"宇宙代数学"。

"极数通变""极数知来"的运数思维是易学的鲜明特征。"知来"即推知未来，要通过"玩占"来实现，而占筮必须依赖于穷极蓍数，即"极数"。作为卜筮之书，《易经》是古代卜筮记录的创造性汇编。卜筮无论是龟卜还是草筮的占筮，所表现的都是一种巫术，但作为卜筮记录的汇编，因其"编者"的主体能动性、创造性，

《周易》包含迄今仍令人惊奇的智慧。因此，"数"与"术"又必然地联系在一起，运数思维表现出数术性、神秘性。

《周易》卦辞、爻辞常常以数来表达思维，如：

先甲三日，后甲三日。

先庚三日，后庚三日。

三人行则损一人，一个行则得其友。

七日来复。

这里的"甲"和"庚"都是天干，分别居十天干的第一、七位。

经文中用数字"三"的地方多达二十余处，除了上面几例外还有"王三锡命""有不速之客三人来""王用三驱，失前禽""三日不食""田获三品""革言三就"等。这些"三"主要为不

确数，表示多的意思。

　　用数来表达思想，反映了与卜筮紧密相连的思维的原初性和先导性，表明上古先民在开始思维的初期，已经认识到事物和现象中所包含的数量关系，利用这些"数"可以引导人们顺利交流和思考问题。

108

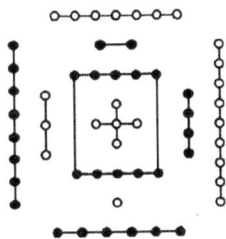

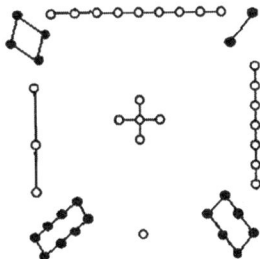

《河图》　　　　　　　《洛书》

《河图》与《洛书》

再从《易传》来看，则相当成熟地采用运数比类的思维，与卦爻辞比较有明显推进。比如《系辞传》说：

《易》有太极，是生两仪，两仪生四象，四象生八卦，八卦定吉凶，吉凶生大业。

就是说，《周易》创作时，先有混沌未分的太极，太极为整体之"一"，一元太极变化产生阴阳两种要素即两仪，两仪再变化产生太阳、太阴、少阳、少阴四象，四象变化产生天、地、雷、风、水、火、山、泽八卦，八卦的变化推演可以判定吉凶，判定吉凶就产生盛大的事业。由一（太极）至二（阴阳）至四（四象）至八（八卦）至多（大业为多），以极严密的推理，表达了古代宇宙生成图式，反映了古代东方先哲关于宇宙生成的奇妙构思。

从"两仪"角度看，天与地是一阳一阴，也是两仪，但又是最宏大、最特殊的阴阳两仪。与

宇宙生成论关系密切的是《周易》中的"天地之数"：

> 天一，地二；天三，地四；天五，地六；
> 天七，地八；天九，地十。天数五，地数五，
> 五位相得而各有合。天数二十有五，地数三
> 十，凡天地之数五十有五，此所以成变化而
> 行鬼神也。

大的数字象征一、三、五、七、九共五个奇数，地的数字象征二、四、六、八、十共五个偶数，奇偶数互相搭配而各能谐和。五个天数相加为25，五个地数相加为30，天地的象征数共为55。这就是大《易》运用数字象征形成变化哲学而通行于阴阳鬼神奥妙之理的特征所在。

三、大衍之数与极数知来

接着"天地之数",《系辞传》记载了古筮法,向后人展示了"大衍数""策数"和"万物数":

> 大衍之数五十,其用四十有九。分而为二以象两,挂一以象三,揲之以四以象四时,归奇于扐以象闰。五岁再闰,故再扐而后挂。乾之策二百一十有六,坤之策百四十有四,凡三百有六十,当期之日。二篇之策,万有一千五百二十,当万物之数也。

在古筮法中,"二"象征天地两仪,"三"象征天地人三才,"四"象征春夏秋冬四季。取五十根蓍草,虚空一根不用,实用四十九根,经过分

蓍草（伏倩倩绘制）

二、挂一、揲四、归奇这"四营"操作就筮得
《易经》的卦形，其中每 18 次变数就形成一卦。
这样朝着六十四卦推演、扩展、引申，触逢相应
的事类则增长发挥其象征意义，天下所能取法阐
明的事理就概括无遗了。

"策"是多义字，我国古代数学上曾经用过的
一种计算工具，形状与"筹"相似，这是一种含

义；另一种就是指古代占卜用的蓍草，一策就是一根蓍草。其中，《乾》卦在蓍数中体现为216策，《坤》卦则为144策，二者相加共计360策，相当于一年360天。《周易》上下经六十四卦则为11520策，相当于万物的数目。《易》作者对"四营十八变"而成卦的操作过程以及《乾》《坤》卦的"策数"和"万物数"，作了十分准确、扼要的说明，包含着奇妙数术，从中我们可以窥见其缜密的运数思维。

数、术之法古代称作阴阳数术之学，历来受人重视，古人企图通过数去揭示宇宙万物运动变化的规律性。通过数、术所揭示的某些宇宙信息，对于人们解开自然奥秘有一定帮助。中国古人发明的围棋，不仅非常深刻地蕴含和演绎了精奥的"一阴一阳"之道，而且十分完美地彰显与呈现了变化无穷的数、术的魅力。但是也必须指出，有的人把数术搞得异常烦琐与神秘，甚至堕入迷信的深渊。

《周易》的运数思维，在历史文化发展中得到广泛运用，比如，在历法中表示四季变化的节律，在乐律中以规范律吕损益的程序，在医学上运数以比类藏象等等。对于《周易》重视数的特点，汉代大儒董仲舒在《春秋繁露·玉杯》中曾经概括《周易》的特点为：

> 《易》本天地，故长于数。

清代易学家陈梦雷在《周易浅述》中曾十分明白地说：

> 六经皆言理，独《易》兼言数。

这都是强调了其中数术与运数思维特点。

数术与运数思维历来是易学研究的重要内容。在易学史上，西汉以孟喜和京房为代表开创象数易学学派，东汉的郑玄、荀爽、虞翻等加以继承，并有许多新的阐释和发明，使之臻于完善。

孟喜提出卦气说和"六日七分说"，将六十四卦之卦爻与四时、十二月、二十四节气、七十二物候按一定次序排列组合，用以说明一年四季阴阳消长及节气变化。

与通行本《周易》卦序起自《乾》《坤》终至《既济》《未济》不同，京房经过研究创立了一套新的卦序体系即八宫说，认为《周易》既是自然界又是人类社会的缩影，作为世界变易的基本法则即阴阳二气的运行和五行之气的生克，就全部表现在八卦和六十四卦及三百八十四爻之中。

汉代易学思维的模式和主要特色在于，吸取当时的天文、历法、物候等知识，以象数和卦气解《易》，借助于象数言阴阳灾异，建立了"推天道以明人事"的象数易学思维系统。

宋代著名易学家邵雍认为，自天地形成后就有数，天地的形体即天为圆形、地为方形，都可以用数来概括。他把这从一到十的自然数就叫作天地之数，把人们关于宇宙从小到大、由微至著演化规律的认识，看作十个自然数的递增并以此为基础加以扩展。他关注的不是自然数的来源和

邵雍（明代《历代古人像赞》）

意义，而是自然数的运算及由运算而求得数值的
意义。

以天地之数（或称奇偶之数）及其变易观察
《周易》的象和数，是邵雍易学思维的出发点。他
将六十四卦按两种方式排列，创立了著名的大圆
方图。邵雍以天地之数和先天图式为核心，运用
数学、历法等知识，经过层层深入地推演和论证，
建构了一个极为缜密而庞大的数学易学理论体系，

六十四卦圆方图

并以此为工具探究和驾驭宇宙天地之演化、阴阳万物之消长、历史人事之变化。这些有力地推动了象数易学发展，使之达到了汉代以后的新高峰。

第六章 直觉思维

在人们日常生活之中，直觉作为一种心理现象大量表现出来，对人的思想和行为产生影响。当我们探讨科学问题时，它也发挥着重要作用，体现于科学研究之中。对直觉的理解有广义和狭义之分：广义上的直觉是指包括直接的认知、情感和意志活动在内的一种心理现象，也就是说，它不仅是一个认知过程、认知方式，还是一种情感和意志的活动。而狭义上的直觉是指人类的一种基本的思维方式，当把直觉作为一种认知过程和思维方式时，便称之为直觉思维。直觉思维是中国古代先哲们的重要思维方式之一。

一、什么是直觉思维

直觉思维是指不受某种固定的逻辑规则约束而直接领悟事物本质的一种思维形式。通俗地理解，狭义上的直觉或直觉思维，就是人脑对于突然出现在面前的新事物、新现象、新问题及其关系的一种迅速识别、敏锐而深入的洞察，直接的本质理解和综合的整体判断。简言之，直觉就是直接的觉察和感悟。直觉思维具有综合性、直接性、洞察性、灵活性、跳跃性、偶然性等方面的特征。

爱因斯坦曾经说，在科学研究中"真正可贵的因素是直觉"。直觉思维在创造发明过程中的作用可谓无与伦比。众所周知的阿基米德定律，就是凭直觉解决疑问的例证。阿基米德在面临"结构复杂的金冠是否用同等重量的白银掺假"问题

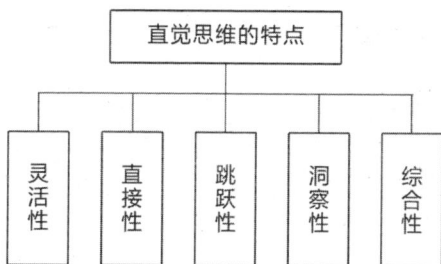

直觉思维的特征

时，百思不得其解。他知道金与银的比重不同，同重的金与银体积也不同，要想知道金冠中是否含有同等重量的白银时，阿基米德很清楚解决问题的关键就是测知金冠的体积。用怎样的办法才能测出结构复杂的金冠体积呢？当他带着问题进入浴缸洗澡时，看到浸入水中的身体与浴缸溢出的水，就想到两者体积相同，茅塞顿开，很快得出了测量金冠体积的办法：把金冠置入水中，被金冠排开的水的体积就是金冠的体积。阿基米德运用的是一种跳跃性的直觉思维，凭直觉使困扰他的疑问迎刃而解。

中国哲学史上的许多哲学流派和哲学家大都

渐修顿悟（刘培平书）

推崇直觉，发表了许多议论。诸如"体""体认"
"意会""顿悟""禅定""觉""诚明之知""清
思之知"等概念，都程度不同地表达了直觉的含
义，或者说与直觉思维有关。老子讲的为了体道
而"涤除玄览"，庄子通过"坐忘"而"见独"，
孔子主张"体仁"，孟子提出"尽心、知性、知
天"，王弼倡导"得意忘言"，佛学家们对"觉"
与"悟"的重视等等，都不同程度地对直觉问题
做出了研究、提炼和阐述。现代学者张岱年先生
解释说：

　　　体验久久，忽有所悟，以前许多疑难涣

　然消释，日常的经验得到贯通，如此即是有

第六章　直觉思维

121

所得。

这也是说的直觉思维。

那么，历来被称为群经之首的《周易》及易学，是否谈到直觉方面的问题呢？回答是肯定的。

二、易学的直觉思维形式之一：意会

作为古人对宇宙图景、人事活动模式的图示和概括，《周易》八卦图像（两符号三线组合）以及由其组成的六十四卦卦象（两符号六线组合），就是以最简练的线条图案对天地万物总体关系的象征。《易传》在解读经文的同时，对天、地、人之间的复杂关系做出了系统阐发与深刻表达。这种象征与表达，充分透显出易学直觉思维的魅力，并对中国哲学与传统文化产生了广泛而深远的影响。

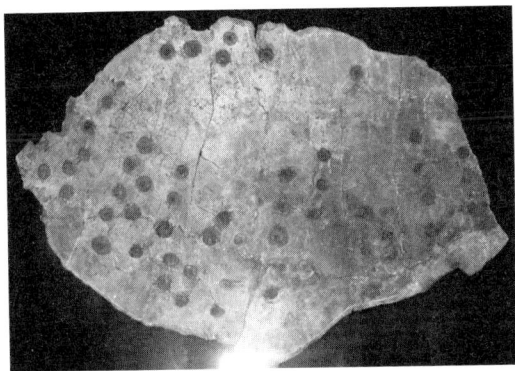

卜筮用龟甲（作者拍摄于金沙遗址博物馆）

卜筮活动是人类早期重要的文化活动，上古时代主要使用龟甲、兽骨占卜，也使用蓍草占筮。无论哪一种，卜筮都具有预测的功能，凡是社会生活中一切重大事情，譬如战争、生产、和亲、祭祀、远行等，都要根据卜筮结果而定。

在天地人一体的朦胧整体观中，人们总希望能够从个别现象中，找到一些与他们所占卜的问题有关的征兆。卜筮过程中的思维是直觉的或直观的，他们以象为思维的出发点和归宿点，诉诸不破坏对象生命的生动直觉。这种直觉是以大宇宙（天体、自然）与小宇宙（人自身）一体相通的整体直觉，整体直觉包括用眼、耳、身等感官综合感知即意会，也包括在感知基础上的与整体沟通的体悟、体认。下面先来看意会。

人对事物的认识，多数情形是通过眼、耳、鼻、舌等具体感官获取的。但有时又需要这些具体感官，尤其是身体的综合运用。意会就是感官综合运用所形成的感知和领会。例如《文言传》解释《坤》卦说：

> 天地变化，草木蕃。天地闭，贤人隐。
> 《易》曰："括囊，无咎无誉。"盖言谨也。

天地运转变化，草木繁衍旺盛；天地昏暗闭塞，贤人隐退匿迹。《周易》说，束紧囊口，免遭咎害，不求赞誉。这大概是譬喻谨慎处世的道理吧。这就从对自然界季节变化的感知，进而联系到社会人事，既有视觉所见又有心灵感应，含有触类旁通之义。

又如《大壮》卦上六爻辞：

　　羝羊触藩，不能退，不能遂，无攸利。艰则吉。

公羊角被藩篱夹住，既不能退也不能进，预示着有人处于困境中，经历艰难才能最终获吉（见第四章《形象思维》附图）。这也是从动物的窘态联系到人的困难处境，从眼睛所见的视觉（看见羝羊触藩）、耳朵所闻的听觉（听到羊的叫声）到人的感受和领会的综合运用。

　　再如《困》卦六三爻辞：

　　困于石，据于蒺藜；入于其宫，不见其妻，凶。

意思是说：人被困在巨石之下，被束缚在蒺藜荆棘中，他即使回到自家居室，也见不到心爱的妻子，有凶险。这里，置身困境中的人们，他的眼、耳、鼻、舌、身的综合感受，一定会使他对凶险产生强烈的意会。因此，《系辞传》阐发道：

> 非所困而困焉，名必辱；非所据而据焉，身必危。既辱且危，死期将至，妻其可得见耶？

六十四卦卦爻辞中类似这些运用生动的直觉思维的例子，不胜枚举。

《周易》重视"会通"，体现了直觉的综合性特点。《系辞传》说：

> 圣人有以见天下之动，而观其会通，以行其典礼。

就是说，圣人发现天下万物运动不息，就观察其中的会合变通，以利于施行典法礼仪。

"言""象"和"意"是中国古代哲学讨论的一个问题，也是易学关注的重要问题。《系辞传》

引述说：

> 子曰："书不尽言，言不尽意。"然则，
> 圣人之意其不可见乎？子曰："圣人立象以尽
> 意，设卦以尽情伪，系辞焉以尽其言，变而
> 通之以尽利，鼓之舞之以尽神。"

这是借孔子名义谈论言与意之间的关系。孔子说过，书面文字不能完全表达作者的语言，语言不能完全表达人的思想。那么圣人的思想难道无法体现了吗？孔子又阐发道：圣人创立象征来表达自己思想，设置六十四卦来反映万物的真情和虚伪，在卦下撰系文辞来表达他的语言，又变化会通来施利于万物，于是就能鼓励天下来尽兴发挥大《易》的神奇道理。

魏晋时期的青年才俊、易学家王弼，遵循崇本息末的诠释学原则，在《周易略例·明象》中十分概括而简明地阐述了他对言、象、意之间关系的总体看法：

　　　　言和象生于意，所以可以寻言和象以明意；但言和象仅是得意的工具和手段，而不是意本身；如果执着于言，以言为意，则"非得意者也"，所以"得意在忘言"。

他举例说，言好似得意的筌蹄。筌与蹄分别为捕鱼和逮兔的工具，是必不可少的，但毕竟不是鱼和兔本身。若执于筌蹄视之为鱼兔，反而失去了鱼兔。这个比喻出自《庄子·外物》，庄子用它生动而贴切地说明了言与意的关系。王弼从表层的言入手求象，得象后即忘言；又进而从象悟得意，得意后即忘象，此即本质所在，恰与庄子"坐忘"境界相合。

　　王弼"得意忘言"的直觉方法可以代表道家一系的思维方式。

　　青年易学家王弼开辟了一个新的时代：随着汉代经学向魏晋玄学的历史性转折，易学史上继象数学而崛起的是义理学。

128

庄周梦蝶图（元代）

三、易学的直觉思维形式之二：体认

体认是体悟、体会、认知。《周易》卦辞和爻辞大多数是先民生活经验的记录，可能是个人的亲身体验、体会，也包括猜测和臆想，而不是一般的事理或原则。前人的这种体验和体会一旦被记录下来，就往往成为后人判定事物、预测未来的比照范例。

例如《坤》卦初六爻辞：

　　　　履霜，坚冰至。

意思是说，秋末冬初，人们脚踩到地上的微霜的时候，就会想象到寒冷的坚冰即将到来。说明大地阴气已经开始凝积，人们由此感知顺随季节变化规律，就一定能够体会和预见坚冰（隆冬季节）必将到来。这显然是体认的过程。

　　又如《解》卦六三爻辞：

　　　　负且乘，致寇至。贞吝。

这是说，人背负重物而又乘坐大车，必然招致强盗贼寇前来抢夺。人们应当持正守本，以防憾惜。这里，通过负重乘车的亲身体验，人们由此体悟出防止盗贼抢夺、保身处世的道理。因此，《系辞传》作了引申和阐发：

　　　　负也者，小人之事也；乘也者，君子之
　　　器也。小人而乘君子之器，盗思夺之矣。上

慢下暴，盗思伐之矣，慢藏诲盗，冶容诲淫。

背负重荷，是小人的事务；亲身乘坐大车，是君子的才能。小人却乘坐君子的器具，就会导致盗贼的思谋抢夺。社会中地位在上者如果轻慢他人，在下者如果骄奢暴虐，那就会有盗贼思谋侵伐了。轻忽于收藏就会引来盗贼，容貌妖冶就往往会引人淫荡。

再如《鼎》卦九四爻辞：

鼎折足，覆公㻛，其形渥，凶。

公，是王公贵族；㻛，是以米和羹而做成的糁；渥，沾湿、沾濡。意思是说，在贵族使用鼎器用餐的过程中，鼎器由于难以承载重物负荷鼎足折断，王公的美食全部倾覆，鼎身和周边都沾濡龌龊，预示着即将有凶险发生。这是表明力不胜任的情状。这里，在用鼎进食体验中获得力不胜任的深刻认识。

　　《周易》和儒家都强调自我体验的重要，体现了直觉的直接性和主观化特点。由于思维主体在结构上是知（认知）、情（情感）、意（意志）一体，追求的是真善美之境，所以主体对客体的把握方式就不可能是单纯感知和认知型的，而是属于知情意融合的体验型的。中国的先哲认为，体即用，用即体，宋代易学家程颐概括为：

　　　　体用一源，显微无间。

　　《周易》十分强调和赞扬体认、感通、顿悟的作用，认为那是一种入"神"的境界。《系辞传》明确说：

　　　　精义入神，以致用也。利用安身，以崇
　　　德也。

君子和学者精细地研究道义、深入万物的神妙之理，是为了实际应用；利于施用、安处其身，是为了增进和崇尚美德。

下面这段也出自《系辞传》，用反问语气加强了作者肯定的意蕴，说得更为透彻：

> 《易》无思也，无为也。寂然不动，感而遂通天下之故。非天下之至神，其孰能与于此？

大《易》的道理不是靠冥思苦想得来的，而是自然无为，通过体认和感悟得到的。它寂然不动，根据阴阳交感相应的原理就能会通天下万事万物。如果不是通晓天下极为神妙的规律，谁能做到这样呢？

虽然体认活动有时也需要借助概念，但它并不是一种概念性活动，而总是有情感、意志因素参与其中，本质上是一种心理上的体验和领悟，也有顿悟。主体把握对象的过程需要体悟，要达到物我合一的境界更需要体悟，经过"渐修"而有"顿悟"。对此，著名国学大师冯友兰先生解

释说:

> "体认"就是说由体验得来的认识，这是
> 具体的，不是抽象的，是一种经验，是一种
> 直观，不是一种理智的知识。

当然，上述二者的区分是相对的，并不具有
严格的、绝对的意义。事实上，意会中有体认，
体认中有意会。例如，人们对宇宙天体的意会也
需要主体的体认和体验，对理或天理的体认也需
要意会。例如，磁力线则表明"感应场"的存在，
具象化地呈现了意会和体会的融合。当然，中医
诊病的基本方法"把脉"，将体会和意会高度融
通，是综合运用直觉思维的经典例证与至高境界。

中国古代的直觉思维对历史上的艺术理论和
艺术创造产生了巨大影响。中华民族传统的艺术
创作、艺术欣赏历来反对单纯的"形似"，都强调
"神似"，追求"言外之旨""象外之意"，重视含
蓄、隐而不露，反对一览无余，形成了强调蕴涵

左 右
阴（血） 阳（气）

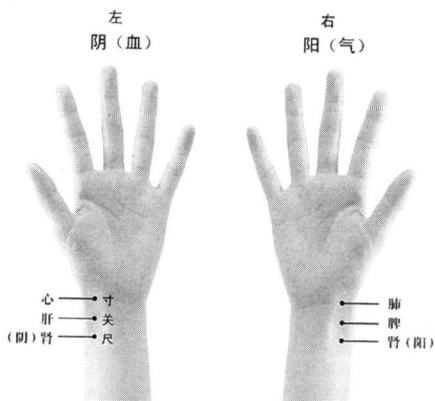

心 — 寸 — 肺
肝 — 关 — 脾
（阴）肾 — 尺 — 肾（阳）

把脉（牛晶晶拍摄并绘制）

的艺术和审美特色。这与直觉思维都有关系，甚至可以说是在直觉思维的引导和制约下形成的。

例如：欧阳修评论画作时认为"古画画意不在

形"；苏东坡看重画的神韵，把形似之画视为幼稚、不成熟之作；叶燮认为，诗歌创作和评价的原则是"言在此而意在彼，泯端倪而离形象"。诗之兴处，妙在含蓄无垠，思考微妙，在可言不可言之间，其指归在可解不可解之际。严羽称诗歌欣赏的原则是"诗道在妙悟"。他们讲得很精辟，都看到了文学艺术与直觉思维的联系。

但是应当看到，中国传统的直觉思维具有优点，同时也有缺陷。它不是建立在科学思维的根基上，而是属于前科学的思维，没有很好地分化认知的主体与客体，没有建立在逻辑分析基础上，并且常常把认知活动导向道德伦理领域和个体精神生命领域。由此，一方面导致中国人生哲学的高度发达，另一方面必然使直觉思维所获得的知识缺乏科学性、精确性，往往受制于模糊性、跳跃性、非系统性的局限。与西方在亚里士多德逻辑学基础上形成的重视逻辑思维传统相比较，不能不说对近代实证科学的产生与哲学理论的系统化、条理化带来明显的消极影响和滞后作用。

第七章　逻辑思维

　　事实上，直觉思维和逻辑思维是相对的，它们并不完全对立。《周易》中既有形象思维、直觉思维，也有逻辑思维和辩证思维。

　　逻辑思维是人们借助于概念、判断、推理等思维形式能动地反映客观现实的理性认识过程，又称理论思维或抽象思维和"闭上眼睛的思维"。它是通过对思维结构以及起作用的规律进行分析而产生和发展起来的。只有经过逻辑思维，人们才能达到对具体对象本质规定的把握，进而深入认识客观世界。因而，逻辑思维是达到科学认识的必要前提。

　　研究逻辑思维的学问就是逻辑学。逻辑学是一门很古老的学问，早在两千多年前就产生了。古代中国、希腊和印度，是逻辑学的三大发源地。中国古代的《周易》中包含着逻辑思维。先秦时期的学者惠施、公孙龙、墨子、韩非、荀况等，都是古代杰出的逻辑学家。墨子和弟子们总结了前人的研究成果，写出了中国第一部逻辑经典著作——《墨经》，提出了一个比较完整的逻辑体系。中国古代的逻辑学，被称为"名学""辩学"，研究名辩的人被称为"辩士"或"名家"。

　　古希腊的亚里士多德（前384—前322）是欧洲古代逻辑学的创始人，他的逻辑名著《工具论》，系统总结了逻辑思维研究的成果，对后世影响很大。亚里士多德被西方誉为"逻辑之父"。我们现在所学的形式逻辑学，基础仍然是亚氏古典逻辑学的体系。古代印度，在各教派的论辩中，逻辑学也得到了发展，他们把这门学问叫作"因明学"，主要研究逻辑的论证。中国唐代高僧玄奘曾到印度游学，并把"因明学"引入中国。

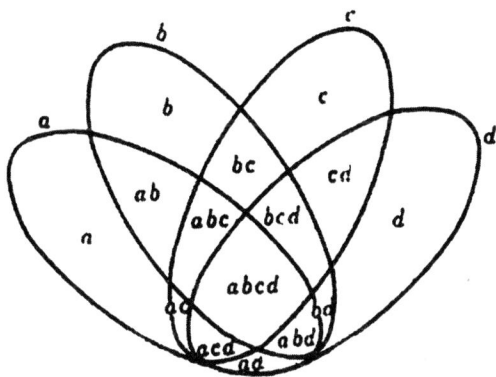

逻辑思维（牛晶晶绘制）

与形象思维和直觉思维不同，逻辑思维以抽象为特征，通过对感性材料的分析和思考，撇开事物的具体形象和个别属性，揭示出事物的本质特征。作为人脑对客观事物间接概括性的反映，逻辑思维凭借科学的抽象分析揭示事物的本质，具有间接性、自觉性、规范性、可重复性的特点。一般来说，逻辑思维的基本过程有：分类与比较、分析与综合、归纳与演绎、抽象与概括等。

《周易》及易学的逻辑思维主要表现在：分类、类推、演绎、归纳与思维形式化。

139

一、分类

对"类"的理解和把握，是《周易》进行类比推论的前提和基础。

分类，在《周易》古经中已有萌芽。例如卦象、爻象、卦辞、爻辞，各有自身的功能，相互之间存在确定的界限，分别成为一类；而卦象、爻象、卦辞、爻辞内部又各自都可以分为吉、凶、悔、吝等不同的类别。

八卦代表自然界中八大类事物的类属性，如：

《乾》卦的性质是刚健，其包括的物象按照天地自然、动物、身体、家庭角色等有天、马、首、父等。

《巽》卦的性质为顺入，其代表的物象有风、鸡、腿、长女等。

《兑》卦的性质为愉悦，其包括的物象有泽、

八卦与龟

羊、口舌、少女等。

八经卦作为六十四别卦的构成基础，都是以八种卦象为基础的。这八种卦象实际上是《周易》给世界上的万事万物划定了八种性质，世上一切事物都包括在这八种性质之中，不属于这一种性质，就属于那一种性质，没有超出这八种性质之外的事物。将功能、性质、属性相似、相应的事物归为一类，这便是《周易》卦象的主要分类方法。

京房八宫卦系表，是西汉时期著名易学家京房独创的对六十四卦富有鲜明特色的分类，其分类排列准则和顺序早就被公认为极其具有创新意义。与通行本《周易》卦序起自《乾》《坤》终至《既济》《未济》不同，京房经过深入研究创立了一套新的卦序体系即八宫说。

他把六十四卦分成八组即八宫，每一宫包括八个卦组成一列，以《乾》《震》《坎》《艮》《坤》《巽》《离》《兑》为本宫卦，冠每列之首。每一宫排列方法均为自下而上变化本宫卦的爻，每变一爻则得出此宫的一卦。变初爻为一世卦，变二爻为二世卦，如此这般，变至五爻为五世卦。之后，返回再变五世卦的第四爻得到游魂卦，然后再将游魂卦的初、二、三爻全变得到归魂卦。

例如《震》宫，变《震》初爻为《豫》（一世卦），变二爻为《解》（二世卦），变三爻为《恒》（三世卦），变四爻为《升》（四世卦），变五爻为《井》（五世卦），再变《井》卦的四爻为《大过》（游魂卦），最后将《大过》卦初、二、三爻全变，即为《随》（归魂卦）。如此变化其他各宫，就形成了六十四卦新的排列组合系统。

京房八宫卦系表

首卦 \ 八宫 爻变		乾	震	坎	艮	坤	巽	离	兑
一世卦	初爻变	姤	豫	节	贲	复	小畜	旅	困
二世卦	初、二爻变	遁	解	屯	大畜	临	家人	鼎	萃
三世卦	初至三爻变	否	恒	既济	损	泰	益	未济	咸
四世卦	初至四爻变	观	升	革	睽	大壮	无妄	蒙	蹇
五世卦	初至五爻变	剥	井	丰	履	夬	噬嗑	涣	谦
游魂卦	上、四爻不变 其他爻变	晋	大过	明夷	中孚	需	颐	讼	小过
归魂卦	五爻变	大有	随	师	渐	比	蛊	同人	归妹

发展到后来形成的《易传》，不但用分类的观点观察和分析《易经》，而且将这种思维方式总结出来，上升为自觉的观念。例如，《象传》对

《睽》卦解释说：

> 万物睽而其事类。

睽，指人与人或地方分隔、分离。这句话就是说：天下万物尽管乖背睽违，但禀受天地阴阳气质的情状却相类似。《文言传》对《乾》卦阐发时明确说：

> 同声相应，同气相求，水流湿，火就燥，……则各从其类也。

《系辞传》中有一句关于"类"的最著名的话：

> 方以类聚，物以群分，吉凶生矣。

方，即道，在这里可以理解为思想观念。整句话意思是：万物相别，而其运动变化却有共性类别；

万物各自都顺从其类，天下之物同类相聚，以群相分，从而显示出吉凶祸福。

《系辞传》认为，天下的事物虽然各有各的特性，但某些事物又具有相同之处，这些事物相聚为一类。类与类之间又有区别，各自根据本类事物的属性和境遇展现出吉凶祸福等不同的趋势和结局。

在这里，《易传》推断事物变化和发展的趋势与结局，依据的是它们的类属性及其境遇。其中，类属性被作为事物变化发展的内在根据，而境遇被作为它们变化发展的外在条件。

在人类认识客观世界的初始阶段，对事物进行分类，在人的理性思维中具有启蒙发智的作用，标志着人类对事物由表及里认识的起步和推进。譬如，看见太阳在发光，月亮在发光，星星在发光，长久观察之后人们就可能把"发光"的共同特性从三者中抽象出来，把三者归为一类，称之为发光的天体。类观念的产生及其在认识和实践中的运用，正是这一思维深化的结晶。

分类是形式逻辑思维中最基础的步骤与形式，又是人类深入进行理性认识的必要前提。在《周易》和易学中已经显现出来，就是以类属性为事物之义理。《易传》认为，类是事物之所以得以相互区别开来的标志，又是它们相互沟通的纽带。一个事物与另一个事物本来是相互区别的，所以事物从名称到性质都各守其界，不可逾越，但从同类的角度来看，一个事物与另一个事物又相互沟通，可以逾越，由此可以由一个事物旁及、推断另一个事物。

二、比类和类推

分类之后，比类（或者称为类比）和类推就是逻辑思维的进一步展开。"取象比类"，是取卦象之象来类比自然和人事，并对自然和人事发展变化的状况、趋势做出解释和预测。占卜离不开用卦辞和爻辞所记述的事情去推测将来可能发生的事情，这就是类推的过程。这也是《周易》要达到的最终目的。

《周易》的类比，是从人类社会与自然界融为一体这一人为的、主观设立的前提出发，然后把天道、地道、人道，一统于《易》之"乾坤""阴阳""刚柔"的交感作用中，再通过两种矛盾力量的渗透、推移和运动，来解释八卦，从而解释一切事物。

八卦与六十四卦是以义、类相连的，"以义相连，以类相从"是《周易》联系八卦和六十四卦以及天下万事的基本方法。这种方法的类比规则是：只要自然物之间、人事之间、自然物与人事之间具有这种"义、类"关联，即只要事物与事物之间在"理"上有相通，在某一点上有类同，都可以类比。易学中关于六爻之间错综复杂的关系，所谓"乘承比应中"，就包含着比类与类推。

例如《周易》中《大过》卦九二爻辞：

枯杨生稊，老夫得其女妻。

意思是说：枯槁的杨树生出嫩芽新枝，龙钟老汉娶了个年少娇妻。

《大过》卦九五爻辞：

枯杨生华，老妇得其士夫。

意思是说：枯槁的杨树开出新花，龙钟老太配了个强壮丈夫。这是用"枯杨"比类"老夫"和"老妇"，用"生稊""生华"类比和比喻得到新欢。

又如《屯》卦六三爻辞：

即鹿无虞，惟入于林中；君子几，不如舍，往吝。

意思是说：追逐山鹿没有熟悉地形和鹿性的虞人引导，只是空入茫茫林海中；君子应当见机行事，此时不如舍弃不逐，要是一意前往必有憾惜。这里，用追逐鹿（猎物）而得不到虞人的帮助因而不能成功，比类君子见事情将有不成功的苗头不如舍弃为好。

以类属性为事物之义理的卦象分类，虽然还囿于象征、比拟、联想的局限，但它在类比的思维活动中注入了类属关系作为根据，较之单纯的象征、比拟来进行类比更深刻、更抽象。因为只有对"类"属性关系的理解和把握，才可能从不同的事物和现象之中抽取出局部的类同之处，从而达到由此及彼的类别联系，才能形成由此及彼、以彼推此的类比推论。

这样，《周易》中的类比就有了一个比较宽泛的范围。例如《既济》卦上坎下离，《象传》说：

《既济》卦象

　　　　水在火上，既济。君子以思患而豫防之。

　　水在火上有两种情形：第一，水润下，火炎上，以火煮饭解决人们饮食问题。第二，水盛灭火或火强烧干了水。第一种以火煮饭为既济呈现吉祥，第二种情形水火相对立，则呈露凶兆。这是借卦象以比类的思维。

　　《彖传》和《象传》对卦辞的诠释基本上都属于这种方法，即先分析某一卦由哪两个经卦所构成，再看内外卦之间的关系，然后根据内外卦所象征的事物及人们已有的经验、知识进行运思，

比类和类推（牛晶晶绘制）

最终达到触类旁通的效果。《解》卦六三爻辞"负且乘，致寇至"，也是如此。由"负且乘"的平常物象比类运思，得到深刻道理。这都是取物象以比类的思维。

《易经》卦爻辞，经常借日常所见所闻的物象作为诱导物，启发人们联想，比类引申，层层运思，终至激发其智慧的闪光。

《周易》类比的具体思维过程，是以卦象中个别事物的个性为出发点，根据卦象的意象涵摄，运用象征和联想的方法将此意象包含的"意"，推举和运用到其他的事物上面。例如，明代南京紫金山上的一个庙宇，有一次丢失了镇寺的金杯。两个秀才占卜得了一个《剥》卦，便知金杯被埋在寺院西南角地下五寸处。其推导过程大致如下：

《剥》下卦为《坤》，为土，又似杯子；上卦为《艮》，为山，像杯子倒扣，故《剥》卦象征丢失的金杯。又，《坤》卦在后天八卦的方位是西南，寻找丢失物为"需"，《需》卦卦序列第五，故推出金杯在寺庙西南角五寸深处。

《周易》还提出了"推"或"动"这一思想，并以事物的运动、变化、发展来描述和阐发其类比推理思想，这一点是难能可贵的。《易传》把事物内部一阴一阳规定为一柔一刚。阳的属性为刚，阴的属性为柔，刚柔两种势力或因素的相互作用，就叫刚柔相推。《系辞传》认为：

刚柔相推而生变化。

对自然界的变化根源，又进一步指出：

日月相推而生明焉，寒暑相推而岁成焉。

尽管这里的"推"，还不具有西方传统逻辑中的由已知推出未知之"推"的含义，但它却看到了一切事物的变化、发展，是来自于其自身阴阳、刚柔相推的结果。从运动和变化的角度赋予类比、推论的"推"以深刻含义，使《周易》的类比、推理思想更加丰富多彩了。

此外，《周易》的类比还体现了"全息性"特征。"全息"概念强调任何事物都是相关联的，例如，一片树叶上可以找到整棵大树的"信息"，人的一只手上能找到与全身对应的穴位。

易学"全息性"特征，即类比中事物与事物之间、现象与现象之间，只要是在"理"上相通，事物和现象的情况在某一点上有类同，都可以进行类比。这一理念不仅有效地解释了《周易》类比中看似风马牛不相及而非不相及的现象，而且还向人们展示了思维的另一侧面——一个极其丰富的量的扩张的过程，即思维的流畅性、变通性、独特性，这已经触及创造性思维的特征了。

当然《周易》的类比推论，从某种角度讲，其思维方向体现了由个别到整体的思维进程，其认知功能则体现了由已知到未知的功能，但这种认知的功能是建立在象征性、比拟性基础之上的，缺少严谨的客观准则制约，其缺陷是显然存在的。

类推是把一个事物的类属性推到同类的另一个事物身上，以求对另一种事物有所认识。它已经可以从具体的形象中抽取出共相，超越形象而捕捉形象背后的类属性或道理，并通过共相认识未知的新事物。相对于"思"离不开"象"的形象思维和直觉思维而言，类推思维属于较为深入的一种认知手段。

154

三、演绎

《周易》开始于爻和卦。从爻到卦的进展，反映着古人思维的某种形式。

《易经》卦辞和爻辞表示占筮过程。占筮过程是一个推理论证过程，有其相对完整的逻辑结构。从形式逻辑角度来看，这个过程包括论题（卦题）、论据（卦象、卦辞和爻辞）、论证方式（演绎法或类比法等），构成一个完整的论证式。

例如《渐》卦（《巽》上《艮》下）九三爻辞：

鸿渐于陆，夫征不复，妇孕不育，凶；利御寇。

九三是《渐》卦六爻之中从下往上数第三爻，所以"九三"既代表爻象，又指爻位和爻数。意思是说：大雁飞行渐进于小山，宛如夫君远征一去不还，妻子失贞得孕难以生育，有凶险。如果能秉正用刚，则利于抵御强寇。

这是《周易》三百八十四爻中比较完整的逻辑"范式"结构：

（1）比喻辞。这一爻有三个不同的比喻辞："鸿渐于陆""夫征不复""妇孕不育"。这都是用已知事物的形象，说明九三爻的寓意。

（2）占断辞。这一爻的占断（判定）辞是一个"凶"字。

（3）附载辞。这一爻的附载辞是"利御寇"三个字。

在实际占筮或论证中，卦辞和爻辞的功用基本相同，其语言结构、论证结构与上述也基本一致。

演绎推理是从已知的一般性前提推出个别性结论的过程。演绎推理作为人们的一种重要论证方式，在中国古代反映了我们先哲的思维能力与水平。虽然《周易》的逻辑思维与西方的形式逻辑取值标准不同，但也有相同的"范式"结构。

例如《坤》卦卦辞：

坤：元，亨。利牝马之贞。君子有攸往，先迷后得主。利西南得朋，东北丧朋。安贞，吉。

仅从"坤：元，亨。利牝马之贞"推理来看，这里省略去了小前提"牝马也是坤"，如果补充后，就可以看到其完整的形式：

坤是元亨（大前提）

牝马是坤（小前提）

（所以，牝马亦亨）利牝马之贞（结论）

由"坤：元，亨"这个大前提，再推出后面的卦辞"君子有攸往，先迷后得主""利西南得朋，东北丧朋"，得出结论"安贞，吉"。其原理和推理思维过程与上述完全一致，即从"坤"所包含的一般，推出属于坤类的个别或特殊。这种推理形式与亚里士多德三段论的第一格完全相同，但应当明确判定并非从亚氏那里学来的。

按照"一生二"的原则构建的宇宙生成模式，最引人注目的环节是元气剖判，轻清上浮，重浊下沉，始分天地。后人经常把太极理解为混沌未分的元气，而太极、两仪、四象、八卦，则反映了从混沌到二分剖判到万物化生的过程。

宋代大儒周敦颐的太极图就是一个天体演化程序，太极、两仪等基本概念来源于《系辞传》。杰出易学家邵雍彻底发挥了"一生二"的原则，把太极、两仪的模式一直推演到六十四卦，他把以此原则做成的六十四卦卦序制成大圆方图，描述一年四季气候的往复循环运动，阐释人类社会历史，解读宇宙千象万物。

从中国古代先哲创造阴阳二爻、四象、八卦，到汉代孟喜、京房，到北宋时期的周敦颐、邵雍，再到他们的追随者，历代易学家都企图把自己的思维过程做成一套可进行逻辑推演的程序。这个程序有其出发点，也有一个推演规则。依据规则，从出发点推出他们的整个体系。

用阳爻、阴爻两个爻象，六个一组组成六十四卦。当初人们可能仅仅是从象数学角度来考虑的，也可能是基于某种实践的需要。当六十四卦卦象体系形成之后，如此整齐的排列及内在的逻辑思维引起了许多人的兴趣，诸如汉代京房的"八宫表"、后来发明的围棋盘等等。

唐代易学家孔颖达也是对六十四卦体系整齐排列十分感兴趣的人，他在《周易正义》中运用和发挥了易学逻辑思维。他提出，六十四卦是按照"二二相偶"原则排列组成，就是说每两卦为一个对子，互相配合。它们配合的方式有两种，即"非覆即变"：

一种是"覆"，"覆"的意思是说两卦的卦象

周敦颐太极图

完全颠倒。如：《屯》与《蒙》、《泰》与《否》、《同人》与《大有》等，就属于"覆"的卦形。

另一种是"变"，"变"的意思是说两卦的卦象六爻完全相反。如：《乾》与《坤》、《颐》与《大过》、《坎》与《离》、《中孚》与《小过》。

据孔颖达统计，《易经》六十四卦三十二对

160

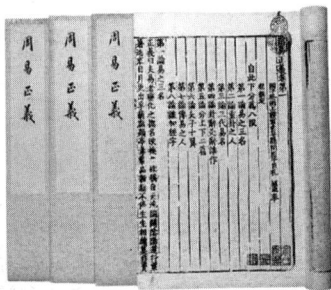

孔颖达与《周易正义》（明代《三才图会》）

中，上述四对属于"变"类，其余二十八对都属于"覆"类。这些就是根据卦象的形状和规律来进行的分析。此分类法对后人影响很大，并将"覆"类称为综卦，"变"类称为错卦。

在《易传》中，演绎思维和推理论证就比《易经》大大增加了。例如，《系辞传》"穷则变，变则通，通则久"；《序卦传》"有天地然后有万物，有万物然后有男女，有男女然后有夫妇，有夫妇然后有父子"等等，不胜枚举。无论使用的概念还是分析阐述的论断，都反映了中国古代思维在抽象、概括、论证水平上的显著跃升。

四、归纳

演绎推理必有一个起点，也就是有一个基础知识，如三段论式的大前提，比如上述"一生二"的原则等。而这些基础性知识不能依赖演绎得出，必得自归纳。归纳和演绎是人类认识最早、运用最为广泛的思维方法。它所涉及的是个别与一般的关系，是事物和概念之间的外部关系。所谓归纳，是指从许多个别的事物中概括出一般性概念、原则或结论的思维方法。

如果说从太极到八卦和六十四卦，可以理解为演绎的逻辑展开，那么，从万千事物到六十四卦，再从六十四卦到八卦，从八卦到四象再到两仪，最终到太极，这则明显是归纳的逻辑思维。

《周易》卦爻辞有许多判断，有些可能得自归纳，例如《乾》卦九三爻辞：

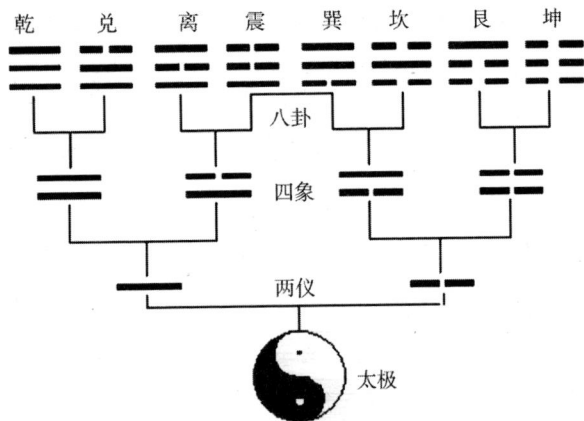

从八卦到太极

　　　君子终日乾乾，夕惕若，厉无咎。

就是指君子整天健强，振作不已，直到夜间还时时警惕慎行，这样，即使面临危险也免遭咎害。

　　《坤》卦初六爻辞：

　　　履霜，坚冰至。

人们在初冬踩上微霜，想到将要迎来坚冰严寒。"终日乾乾"与结果"无咎"之间，"履霜"与"坚冰至"之间，是多次经验积累、归纳总结得出来的联系。

但在不少情况下，卦爻辞出自一种即时的经验，前提和结论之间缺乏必然的联系。

例如《大畜》卦六四爻辞：

> 童牛之牿，元吉。

系缚在无角小牛头上的木牿，至为吉祥。

又如《中孚》卦上九爻辞：

> 翰音登于天，贞凶。

飞鸟的鸣叫响彻天宇，（这种声音表明）占卜得凶险。因为作者当时的直接任务是占卜吉凶，吉凶的决定者是天意、神意，而不是事物之间的内在联系。这都反映了人类早期思维的某些特征，往往表现为：使用概念但不下定义，做出判断但不求必然联系。

这种情况到了《易传》就发生了很大改观。《系辞传》说《易》自身"弥纶天地之道"，即普遍涵盖天地之间的道理，它的主要目的是告诉人们"道"是什么，与道有关的许多问题都是什么。

这样，它就自觉地去定义概念，去探讨事物之间客观存在的必然联系，而不仅仅是告诉人们要怎么样、不要怎么样。要定义概念，探讨必然联系，必须做大量的观察、考察、研究工作，然后才能做出判断。这就是《易传》多用归纳的基本原因。

《易传》与《易经》相比，作者的逻辑思维明显大大向前推进了。表现之一就是其中有不少精彩的判断，这些判断包含归纳思维，兹以《系辞传》为例说明：

> 是故爱恶相攻而吉凶生，远近相取而悔吝生，情伪相感而利害生。

这是说，吉凶、悔吝、利害等结果，与人的行为中爱和恶的抵触、远和近的取舍、真情和虚伪的冲突，二者之间存在着一定的必然联系。作者看到了这种联系，试图表明吉凶、悔吝、利害等不是由于神的意志，而是源于人的行为。显然作出判断者对人的爱恶、情感、取予等，有着多方面的观察和思考。

接着，《系辞传》继续说：

> 将叛者其辞惭，中心疑者其辞枝。吉人之辞寡，躁人之辞多，诬善之人其辞游，失其守者其辞屈。

要违叛之人的言辞必然惭愧不安，内心疑惑之人的言辞必然杂乱无章。吉善贤美之人的言辞必然少而精粹，焦躁激进之人的言辞必然多而繁杂。诬陷善良的人他的言辞必然虚漫浮游，疏失职守之人的言辞必然亏屈不展。真是言为心声啊！

这是通行本整篇《系辞传》的结尾，谈论的

是人的语言与他的心理、性格、品质之间的关系。这些判断使人感到言之凿凿，至今仍然还对处理人际关系有指导意义和现实价值。要做出这些判断，毫无疑问需要对人类社会生活、人际交往进行大量观察研究，然后再做出分类、判断，这其中当然需要借助于归纳，没有归纳思维是不可能的。

下面我们再以《文言传》为例说明：

> 积善之家，必有余庆；积不善之家，必有余殃。

这句话早已成为名言警句。在讨论善恶报应时，尤其是魏晋南北朝时期，儒家和佛教关于因果报应，是否有灵魂的讨论中，曾被广泛引用。其实这句话原本不是讲报应问题的，或者说即使讲报应，也不是像通常说的操纵在神灵手中的报应，而是作者从当时社会现实中归纳出来的关于人的行为与结果之间关系的归纳推论。

《文言传》接着说：

> 臣弑其君，子弑其父，非一朝一夕之故，
> 其所由来者渐矣，由辩之不早辩也。

弑，就是杀；辩，通"辨"，就是辨别。弑君、弑父之事，像"履霜，坚冰至"一样，有一个逐渐积累演变的过程，这话恰恰是"积不善之家，必有余殃"的脚注。在这个判断和推论中，我们似乎看到了春秋战国时期那"礼崩乐坏"的混乱局面，其中必然包括作者对数以十计、百计的弑父、弑君之事的归纳、总结。

上述例证表明，归纳已成为《易传》较为自觉运用的逻辑思维方法。

五、形式化

形式化是形式逻辑思维的一大特征，就是指仅仅注重思考问题所遵循的思维形式，而不管思维的具体内容。也就是仅仅注意思维是否符合法则和公式的对与错，而不管所思考的事物是否与实际相符合。

思维的形式化在《周易》古经中已有体现，主要是爻象、卦象以及它们之间形式的变化和联系。六十四种卦象都由阴爻和阳爻两个爻象组成，而两个爻象六重叠形成六十四种不同的符号。这整个符号系统包含着一定的逻辑结构。虽然这种结构象征着自然界和人类社会变化的逻辑和奥秘，但本身并不指示或者说不直接涉及自然界和人类社会的具体事物，它仅仅是 "--" 和 "—" 二爻按六重叠排列组合的形式展示，与内容没有直接关联，类似于纯粹用字母表示的数学代数式、用线条表示的几何图形，也类似于物理和化学中大量的公式和图示。由此可见，这就是思维形式化的一种表现，这在中国古代典籍中十分独特，也是人类古代文化遗产中非常罕见的。

思维形式化也表现在对占卜方法的理解和解释中。《周易》卜筮是为了预测未来，遵循"彰往而察来"的类推方法，即彰显往昔的变故而察辨将来的事态。但要使类推有效，往（过去）与来（将来）二类事情必须是同类。为了将求问之事（来）纳入卦辞、爻辞所记之事（往）的同类之中，就须要将卦辞、爻辞所记之事抽象化，视其为预测将来事态吉凶的公式。这样才能赋予其无限的灵活性和包容性，才能对所占问之事做出各种各样的判断和推论。否则，仅拘泥于一事，就根本不能发挥预测将来各种事态的作用，正如宋代著名易学家程颐所说：

不要拘一，若执一事，则三百八十四爻，

只做得三百八十四件事，便休也。

这样看来，爻辞和卦辞所记之事便成了一个形式、记号，也成了一个不涉及具体事物内容的框架。因此宋代大儒朱熹说，《易》只是个空底物事。也就是说，六十四卦卦爻辞仅是一个空套子，可以套在各种有关的事物上面，从而进行类推和预测。

朱熹（明代吕维祺《圣贤像赞》）

《易传》对上述思维的形式化作了概括和提炼，指明了《易经》采用的思维形式化的媒介是"象"，并认为爻象和卦象及其相互关系是自然界和人类社会中事物变化发展普遍趋势的一种抽象，它普遍适用于任何事物，而不局限于某一个具体事物的具体内容。《系辞传》明确说：

　　　　圣人有以见天下之赜，而拟诸其形容，象其物宜，是故谓之象。

赜，即幽深难见。这就是说，圣人发现天下深奥的道理，就把它譬拟成具体的形象容貌，用来象征特定事物适宜的意义。天下的事物十分复杂，就用卦象这种符号作为万物的性质以及变化过程的标记。

　　例如，八卦卦象就分别代表天、地、雷、风、水、火、山、泽八种自然物，也标识八个方位。事物变化都有通顺和闭塞等情况，并不仅限于某一个具体事物，因此分别用《泰》卦和《否》卦

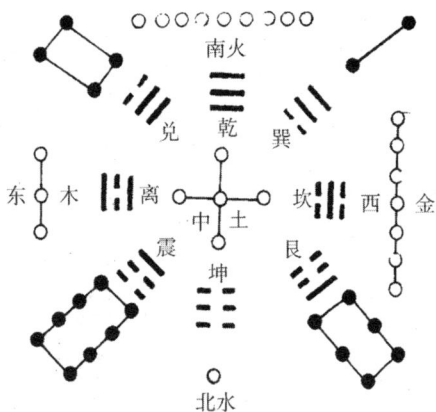

先天八卦与《洛书》

172

表示。这样说来，六十四卦卦象就是一切事物存在形式和发展变化的共同象征、抽象公式，就是一套符号系统，它们可以适用于各种具体事物的表征。

思维的形式化是人类对自己的思维进行自觉研究的基本倾向，它代表了形式逻辑的基本特征。在《周易》及易学发展中，所谓思维形式化，并没有形成对思维进行专门研究的学问——逻辑学，仅是出于占卜功能的需要，也出于解说此功能的需要，在思维中自然的、不自觉的显露出来的一种倾向。这种倾向表明，思维的形式化在人类古代是自在的，而非自为的，还不是一种逻辑学说。中国古代的逻辑学说被称为"名辩"学说，曾在战国时代颇为兴盛，但到秦汉之后则销声匿迹。

总之，《周易》经传中的逻辑思维是十分丰富的，其具体表现也有多方面的内容和形式。那种认为中华文化只有归纳法而没有推演法的观点有失于偏颇。包括逻辑思维在内的易学思维，对于中华文化的形成和发展有重要的意义（正如《导言》中引朱伯崑先生所论），展示出人类由具体的形象思维向抽象思维和辩证思维迈进的足迹。

第八章　辩证思维

　　辩证思维指人们通过概念、判断、推理等思维形式对客观事物发展过程的正确而深刻的反映，即以联系的、运动的、变化的观点认识事物，也就是对客观世界辩证性的科学揭示。辩证思维最基本的特点是将对象作为一个整体，从其内在矛盾的运动、变化及各个方面的相互联系中进行考察，以便从本质上系统地、完整地认识对象。

　　人类的辩证思维有一个从自发到自觉的发展过程。人们远在知道什么是辩证法之前，早已辩证地思考问题了，对辩证思维的研究早在古代就有了萌芽。在中国古代，《周易》就是辩证思维的

路标与三维（牛晶晶绘制）

代表作。也可以说，辩证思维是《周易》及易学研究中蕴含的最为突出、最为系统、最为丰富、最为珍贵的一种思维形式。对此可作如下分析。

一、整体性思维

整体性思维是以普遍联系、相互制约的观点看待宇宙及一切事物的思维方式。按照这种思维，整个世界就是一个有机整体，而且世界中的每一个事物也各自是一个小的整体。也就是说，用整体性思维来看，宇宙中从宏观天体到人类所在的地球，每一个事物与其他事物之间，都存在相互联系、相互制约的关系，并且这个事物本身内部多种因素和方面之间也相互联系、相互制约。

恩格斯指出：

176

　　　　每一个时代的理论思维，从而我们时代的理论思维，都是一种历史的产物，它在不同的时代具有完全不同的形式，同时具有完全不同的内容。①

按照恩格斯的观点，随着时代条件的差别，特别是认识能力和水平的不同，人类从古代到近代再到现代的发展中，形成了不同特征的理性思维方式。

在《导言》中，我们已经阐明，与西方和其他民族相比，中国古代的思维方式有其独特之处。

---

　　① 恩格斯：《自然辩证法》，《马克思恩格斯选集》第四卷，人民出版社，1995 年第 2 版，第 284 页。

这种独特之处，首先体现在以《周易》和易学为代表的中国古代哲学形成了整体性思维方式。

第一，《周易》自身在形式上有一个完整的体系。《周易》从太极到两仪再到四象、八卦和万物，太极为整体一，按照"一生二"的法则构建了宇宙生成模式。就《易》爻象和卦象来说，卦象是由爻象组成的，八卦由"━"和"╌"两爻象三重构成，自成一个体系；六十四卦又是由八卦加以重叠推演而成，或者说，由"━"和"╌"两爻象六重排列组合构成，自成一个体系。也就是说，《周易》卦象自身的逻辑结构是一个圆满的整体，不是一个残缺不全、可以随意增减的符号形式。

不仅如此，八卦和六十四卦的爻象又是各卦之间联系的纽带，爻象的变化引起卦象的变化，由一卦变成另外一个卦。例如，八卦中的《坤》卦最下面的阴爻变为阳爻，则《坤》卦变为《震》卦；六十四卦中的《履》卦的初爻由阳爻变为阴爻，则《履》卦就变为《讼》卦。也就是说，任何一爻的变化不仅仅是一爻自身的变化，也不仅仅是停留在一卦内部的变化，而且是整个卦象的变化，是一卦变为另外一卦，造成了整体卦象象征事物的变化。可见，卦象、爻象在《周易》中是普遍联系、相互制约、处在变化之中的。

在《周易》卦爻辞中也能看到它们之间的相互联系，并进而体现整体性思维。例如《艮》卦卦辞：

> 艮其背，不获其身；行其庭，不见其人。

艮，为止、仰止，引申为注意、顾及。意思是，如果只注意到人体的背部，而没有照顾到全身即整体，那就像走进一家院落却没有看见主人一样。显然，作为一个来访者，会见主人是目的，进入庭院是门径。《艮》卦用只注意到人体的背部而没有照顾到全身，用走进庭院不见主人，比喻只顾局部不顾整体，蕴含着重视整体，将整体视为事物之本质和主旨的思想。这与现代成语"只见树木，不见森林"相近。

再看《艮》卦爻辞，从初爻到上爻，依次为艮其趾（脚趾）、艮其腓（小腿肚）、艮其限（腰部）、艮其身（上身）、艮其辅（口和脸）、敦（头、额）艮。六条爻辞是一个有顺序展开的整体，说明人体所有器官和部位都要照顾到，这是典型的整体性思维。

全卦唯一的"吉"字标在上爻即末爻"敦艮"之后，正是强调，只有自下（趾）而上（头）对身体各部位整体关照，才能达到健康吉利的目的和效果。

这种相互联系并体现整体性思维的情形，在《周易》六十四卦中并非个别，我们还可以在《比》卦、《同人》卦、《颐》卦、《咸》卦、《井》卦、《渐》卦等卦爻辞上看到，虽然各自的喻象不同，揭示的吉凶悔吝不同，但各爻爻辞之间的联系是清晰的，表达的意蕴也明显具有整体性。在此就不再一一展开分析了。

第二，《易传》以普遍联系、相互制约和运动

179

太极图（阴阳鱼图）

变化的思想解释与阐发《周易》古经。《序卦传》认为，六十四卦不是杂乱无章的，编排有一定的顺序：

> 有天地，然后万物生焉。盈天地之间者唯万物。

宇宙中先有天地，然后生出万物，《乾》《坤》两卦即为《易》之门户。《乾》《坤》之后继以

《屯》卦，"屯"既是盈满的意思，又具有万物初生、难生之义；因而《屯》卦后是《蒙》卦，"蒙"为萌生的意思；万物萌生需要营养、水分，所以《蒙》卦之后继之以《需》卦，"需"是供给需求的意思，如此等等。之后上下经诸卦依次展开各种复杂事物：从天地自然现象和规律到人类社会群体现象和规律，从政治形势和统治阶级到人与人之间的关系，从婚姻家庭到衣食住行。这样看来，全部六十四卦是一个或相因或相反的前后相联系的系列和整体。

《易传》将六十四卦中每一卦都看作一个整体，每一卦象都是一个宇宙模式，用普遍联系、运动变化的观点阐发卦象和爻象的意义。

《系辞传》提出了著名的"三才之道"：

> 《易》之为书也，广大悉备，有天道焉，有人道焉，有地道焉，兼三才而两之，故六。六者非它也，三才之道也。

《易》这部书内容广大而完备，博大而精深。六十四卦每一卦都有六爻，每两爻组成一才，共有三才：初爻、二爻代表地道，三爻、四爻代表人道，五爻、上爻代表天道。

什么是三才之道呢？《说卦传》对其内涵做出了明确的界定：

> 昔者圣人之作《易》也，将以顺性命之理，是以立天之道曰阴与阳，立地之道曰柔与刚，立人之道曰仁与义。兼三才而两之，故《易》六画而成卦。

按照这种看法，每一卦都象征宇宙整体，而卦内六爻分别象征天、地、人，认为各有其遵循的法则，天道有阴阳、地道有柔刚、人道有仁义，但又共同受一法则即"顺性命之理"的支配，因而人与自然是统一的整体。

对六十四卦含义的理解，不仅要分析六爻之间的关系，而且要考虑上下卦之间的关系。例如

《咸》卦是由上《兑》下《艮》相叠而成。兑为泽为水为阴柔；艮为山为阳刚。兑柔在上，艮刚在下，水向下渗，柔上而刚下，阳气上腾，阴气下沉。所以阴阳二气交相感应，自然界的生化运动正常进行。又，兑为少女，为悦；艮为少男，为止。所以上兑下艮的卦象还表示男方到女方迎娶新娘，一对新人情投意合，故卦辞曰"取（娶）女吉"。因此《彖传》对此加以概括和阐发：

> 天地感而万物化生，圣人感人心而天下和平。观其所感，而天地万物之情可见矣。

这种类似的解读，在《彖传》和《象传》对六十四卦说明中比比皆是，不胜枚举。可见，每一卦作为一个整体，它的属性不仅是由构成要素的属性决定，更重要的是由诸要素的结构关系，由各个组成部分的综合性联系所决定。这些正是整体性思维的重要体现。

第三，易学研究者继承和发展《周易》整体性思维，使普遍联系、相互制约与运动变化的思想得以发扬光大。从汉代到明清两千年来，许多易学家都深受《周易》思维熏陶，他们在解释、传承和阐发中又丰富与发展了易学整体性思维。例如，汉代易学中的卦气说，将《易》卦所含象数与天文历法、阴阳五行观念紧密结合起来，以此解释天时、气候的变化，并进而解释世界万物，将宇宙看作一个有机整体，通过阴阳推移和五行生克的原理，来具体阐发宇宙中个体事物与其他事物之间的相互联系与制约。

宋代著名易学家程颐作《伊川易传》，提出随时取义、变易从道的观点，主张天地人是相互贯通的整体，要即事见天理，认为六十四卦和三百八十四爻，每一卦都表征着某种道，每一爻也暗示着某种道，而卦爻象的变化皆遵循其变易之道。他以理和天理为中心，广泛阐释卦爻辞的义理，建立起儒家以理学思维解《易》的系统，阐发了性命之学。

程颐像（清代，上官周《晚笑堂竹庄画传》）

邵雍在《皇极经世》中，载有"伏羲六十四卦次序图"和"伏羲六十四卦方位图"，后者包括圆图和方图。据说来自道士陈抟，又称先天图。邵雍用先天图详细阐发了宇宙的发生和演化过程，表明《周易》六十四卦系统的逻辑结构与其所代表的宇宙演化过程是统一的。由此可见，宇宙万物有其共同的起源，因而是一个有着内在统一性的整体。

易学的整体性思维对中国古代科技与社会历史产生了深远的影响。古代的天文气象学、物理、化学和医学，都是沿着易学整体性思维来观察自然现象的变化过程，并概括其规律性。历代封建王朝都追求大一统的政治秩序，并以此建立起与政治制度相适应，为之作论证和服务的文化系统。

二、变易思维

变易思维，简要地说就是指从运动、变化和交易的观点考察一切事物的思维形式。《周易》是模拟事物的运动变化而创制发明的，自身充满了变化，其变易思维大致包括三个层次：即卦象与爻象本身的变易；卦、爻辞表示的自然现象的变化；卦、爻象所象征的人事吉凶的变化。在这部经典中，由于这三个方面往往交织在一起，叫作

"推天道以明人事"。即卦爻象变易是基础，在此基础上密切关涉自然与人事变化；而自然界与社会人事的变易，又反过来表征和强化着卦爻象变易。因此我们下面放在一起讨论，不作明确区分。

《周易》的命名之义，古往今来众说纷纭。"周"字主要是指周代，也有周普、周遍的意思。"易"字的内涵就复杂了。东汉许慎《说文解字》：

易，蜥蜴、蝘蜓、守宫也。象形。

蜥蜴即长有四足的蛇一类爬行小动物，特点是善变，故被古人视为测知阴阳消长、刚柔屈伸的神物。《说文解字》又说：

蜥蜴（作者拍摄）

祕书说："日月为易，象阴阳也。"

古人认为，"易"字从日下月，取日月更迭、交相变易之义。还有人说，"易"的甲骨文形状象征将一器皿水（或酒）倒入另一器皿中，以示变换、交易。当然，在"易"的解说中最著名的，是认为"易"有不易、变易和简易三种含义。尽管各家见解不同，但异中之同是变易之义，可以说其旨不离变易，甚至说举变易而它义可赅。古代典籍多将《周易》简称为《易》，即抓住其所贯通的变易之旨。

《周易》所包含的丰富的思想内容，无论哪一方面都建立在变易思维的基础上。《系辞传》十分明确地概括说道：

《易》之为书也不可远，为道也屡迁，变动不居，周流六虚，上下无常，刚柔相易，不可为典要，唯变所适。

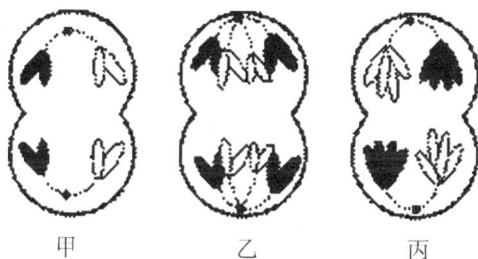

甲 乙 丙

变化和交易（伏倩倩绘制）

就是说，《周易》这部包含宇宙自然和社会人事哲理的书，人们不可须臾远离。它所蕴含的道理，在于屡屡推迁变化，运行而不止，周普遍流于各卦六爻之间，上下往来没有定准，阳刚阴柔相互变易，不可执求于典常纲要，只有变化才是它趋求的宗旨和方向。

《周易》辩证思维的重要体现，就是用阴阳变易原理阐发自然、社会和人生的矛盾，揭示矛盾双方相互对待、相互贯通、相互转化之理。

例如《泰》卦与《否》卦。《泰》，《坤》上《乾》下：坤为地，代表阴气；乾为天，代表阳气。阴气下沉，阳气上升，《泰》卦表示阴阳二气交感，天地交流。《象传》认为，天地之气交和使

得万物通泰，生生不息；上下尊卑交和使得人们
思想沟通、协调，国家或社会得以通泰。内为阳、
刚健、为君子；外为阴、柔顺、为小人。君子的
正道日益滋长，小人的邪道日渐消亡。天地交和
象征一切通泰。君主要调理实现天地交和的大道，
辅助扶持适宜于天地化生的事业，以此保佑百姓，
达到自己治国理政的目的。

《否》卦则正相反，乾上坤下，阳气上升，阴
气下沉，《否》卦表示阴阳二气不交，天地阻隔、
闭塞。天地阴阳不能交接，以致万物生长不能畅
通，君臣上下不能交通，以致天下不成为邦国。
小人的邪道日益滋长，君子的正道日渐消亡。

《泰》《否》卦各自内部包含丰富而深刻的思
想，如果把二卦连贯起来看问题，则给人的启发
更大。阴阳交而泰，泰而必通，有通必有塞，有
泰必有否。泰难常泰，泰极必转为否；否不恒否，
否极必转为泰。泰与否是一对矛盾，其义在相反
相成。否极泰来，先否后喜，既是自然规律，也
有人事作用。夏朝否于桀，而汤承之；商朝否于

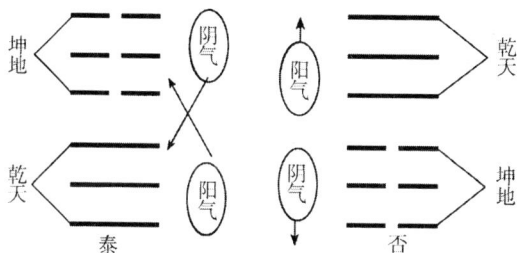

《泰》卦与《否》卦

纣，而周朝承之；秦否而汉兴；隋否而唐兴。历史的变化发展，正是通过否与泰之道而不断转化和更替。

无论自然事物还是社会人生，都体现着泰否相依相连、极化转化、变易无穷的哲理。人生的道路曲折而又漫长，既有畅通之时又有闭塞阶段。人际贵在交流往来，否闭解除方达通泰。在天道与人道和谐统一、泰否相互转化中，人事努力是极其重要的。

人与人的交往、交流、沟通，内涵十分丰富，首先是上下之交，在古代指君主与臣民的关系，在当代相当于领导与群众的关系。"上下不交"，其志不同，其心不一，国事不定，天下必难治理，难以干成大事业。其次，日常生活中同志、朋友之间平等相交和沟通也不可忽视，既有物质方面的往来交易，也有思想感情的相互交流。人与人的真诚交流必然创造良好的人际关系，最终带来吉祥如意的效果。人生道路上有通泰坦途，也有闭塞否境。面对否境，人们应当持理智而积极的态度，坚守贞正，不是消极地坐等变化或陷入泥潭。

从《易经》卦象看，每一卦象都是一个宇宙模式，都是一个时空认同的生命流变体的结构形式。从初爻至上爻既是时间上一个从始到终过程，也是空间上三维立体结构模型，囊括宇宙生命过去、现在和未来多阶段即上、中、下三位的全部信息。这个结构形式既是宇宙的，又是具体万物的；既是人类社会群体的，又是每个个体的。

《周易》的总体思路在于，把天地化生万物理解为与父母生育后代相似的事情，既从男女构精、生儿育女这一人间日常现象获得启发，来猜测、构建整个宇宙的本体和演变过程，又从天阳地阴、天地阴阳合和，生发出世间最伟大最神圣的生命。天道、地道具有无穷无尽的生命力和创造性，它创生出万物，人道赋予万物以各不相同的本性，从而形成了生机蓬勃、丰富多彩的世界。最根本的信念在于：把整个宇宙看作一个自我生成、自我演变的普遍的生命之流，生生不息的万化之流。

可见，变易思维在卦爻象本身、自然界变化、社会人事变易三个层次上都得以充分、透彻地展现，甚至可以说是淋漓尽致地展现。按照《易传》的阐发，万物变易的原因在于阴阳（柔刚）的相互作用，提出天地相交是万物化生的根源。

不仅如此，《易传》还强调万物变易受一定规律制约。《系辞传》说：

> 变通者，趣时者也；吉凶者，贞胜者也；天地之道，贞观者也；日月之道，贞明者也。天下之动，贞夫一者也。

这里"贞"训为"正";"贞胜"指以正道取胜;"贞观"指以正道显示于人;"贞明"指以正道放出光明。"贞夫一"就是说,天地万物的变易统摄于"一"即正道。因此,顺其正道则吉、则胜,逆其正道则凶、则败。正道就是事物运动变化的法则,而世界的秩序正根据于此。社会人事更是如此,用毛主席的话叫作"人间正道是沧桑"。

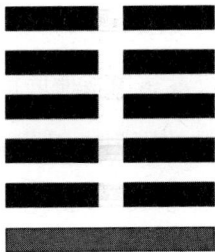

《复》卦卦象

变易的规律性,表现在世界上的事物皆按一定轨迹作循环往复的运动。《泰》卦九三爻辞:

无平不陂,无往不复。

平地无不化险陂，去者无不重回复。"无平不陂，无往不复"，成为现代汉语表达辩证法的通用成语。六十四卦专有一《复》卦，卦象为五阴下潜藏一阳，《象传》一语破的：

> 复，其见天地之心乎？

回复的道理，大概体现着天地化生万物的用心吧？用反问语气确认周而复始的循环，乃是天地万物的核心法则。正是在此基础上，《系辞传》把变化的规律性概括为：

> 《易》，穷则变，变则通，通则久。

万物循环往复的运动变化，显示为一定的周期，表现出一定的时间节律。《象传》阐释《丰》卦说：

> 日中则昃，月盈则食。天地盈虚，与时

消息。

太阳正居中天必将西斜，月亮圆满盈盛必将亏蚀。天地大自然有盈满有亏虚，都伴随一定的时候更替着消亡与生息。《象传》阐释《节》卦也说："天地节而四时成。"天地自然正是有所节制而一年四季终能形成。这些都强调天地万物的变易都受四时、十二月和昼夜等时间因素的节制，表现出周期性波动。因此人的活动不仅要遵守天道，而且要适合于天时，即《文言传》所说：

与天地合其德，与日月合其明，与四时合其序。

《周易》不仅真实地说明了宇宙的本来面目，解释了世界的由来和演变，更重要的是它深刻地揭示了生命的本质，由此发现了宇宙存在的最深本源和所有事物生生不息的内在动力。生命的本质是刚健，是一种畅然不滞、盎然不竭的生命力，是生生不息、动而愈出、不可抑制的力量，是向上的、开辟的、进取的、追求完美的力量。正如《复》卦所告诉人们的：一阳潜藏在五阴下，那给一切事物带来希望的生命力就在盛极之阴中——就自然界而言，是在那冰冻三尺的严寒隆冬中；就人事而言，是在那似乎是一片黑暗的艰难困苦之中。太极图中阴阳鱼的两眼恰恰喻示着这一天机。

《周易》把事物和人生看作有始有终、有生有灭，而又终而复始、生生不息的过程。这个过程以阴阳相聚而成万物为起点，《乾》《坤》两卦即为《易》之门户。天地生成万物，遂有千变万化，《乾》《坤》之后，诸卦依次展开各种矛盾复杂运动。在运动过程中所展现出来的，从天地到万物、从自然到人事、从文化民俗到人生哲理，无所不及。经过无数阴阳盛衰、矛盾消长，过程达到穷尽，矛盾得到解决，然而矛盾止息是暂时的、相对的，矛盾运动才是绝对的，新过程在旧过程中孕育而生，即将重新开始。《既济》与《未济》二卦正是变易无穷的反映，人生哲理亦在其中。

宋代大儒朱熹对此也做了说明：

> 六十四卦、三百八十四爻，皆所以顺性命之理，尽变化之道也。

现代易学家黄寿祺在《周易译注·前言》中说，《周易》六十四卦，各卦各自象征某一事物、现象在特定背景中产生、变化和发展的规律，每卦的卦辞与六则爻辞，也是在相互联系中，披露了该卦所蕴含的事物运动变化发展的道理。

三、阴阳思维中的互补与相成

整体性思维和变易思维在《周易》中都以阴阳思维为依据。也就是说，在《周易》及易学视野下，宇宙及万物的整体性离不开其基本要素——阴与阳，二者之间的相互对待、联系、制约、

互补与相成（牛晶晶绘制）

流转；宇宙及万物的变易根源于阴与阳的变易，或者说宇宙及万物的运动变化是以阴阳变易为基础的。鉴于本书第一章专门从思维内容上谈了阴阳和谐思维，上面又从思维形式上谈了以阴阳变易为基础的变易思维与整体性思维，这里再侧重谈论一下阴阳思维中的互补与相成。

阴与阳是对宇宙中事物和现象两类功能属性的划分与概括，两者既相对立又相统一，构成一对矛盾。但阴阳又是一对特殊的矛盾，《周易》及易学认为，二者的统一方面，即相互联系、相互依存、相互补充、互通相成的关系，一般总是居于主导地位，起着决定性作用。

《周易》古经虽然没有直接将阴阳作为对偶范畴使用，但阴阳思维却像一条红线蕴含于卦爻象符号系统与卦爻辞文字系统表征的事物中。"—"和"− −"是构建八卦和六十四卦的基本符号，两者性质不同，是相互对待的，但又是不可分割，不可独立存在的。

八经卦分成四对：《乾》与《坤》、《震》与《巽》、《坎》与《离》、《艮》与《兑》。《乾》为纯阳卦，代表天；《坤》为纯阴卦，代表地。《乾》《坤》为产生万物之父母，二者具有互补、互成的关系。《震》《坎》《艮》为阳卦，分别代表雷、水、山；《巽》《离》《兑》为阴卦，分别代表风、火、泽。前三卦与后三卦，无论从卦的形象上看，还是从卦所代表的自然物之间的关系上说，也都具有互补性与相辅相成的特征，因此《说卦传》说：

水火相逮，雷风不相悖，山泽通气，然
后能变化既成万物也。

逮，及、达到。水火异性而相互济及，雷风异动
而不相违逆，山泽异处而流通气息，然后自然界
终能运化变动而形成万物。六十四卦体系以《乾》
《坤》二卦为开端，表现了以阴阳互补、相成原则
统率《易经》全书的鲜明主旨。

对阴阳互补与相成思维的更为自觉地认识和
应用，则主要见于《易传》。例如《彖传》对
《乾》《坤》二卦的阐释，表现出对阴阳关系的深
刻理解。

乾作为天道，能够节制四时，统摄云雨，给
世界带来光明，始生万物，决定性命；坤作为地
道，含弘光大，能承载万物，最大的功能和特点
是顺应天道之变化而养育万物。

二者比较而言，乾主动，主变，主施，主始，
主御，主刚；坤主静，主顺，主受，主养，主承，
主柔。二者各有所能，各有所偏，而且一方之长、

之优，正是另一方所短、所缺。乾坤各自向着相反的方向展开，这是它们相对待的方面。

然而，天以四季变化生长万物，地以水土营养成就万物，独天不生，独地不成，天地相互配合才能使万物萌生、成长、成熟乃至于繁衍发展，二者又有诸多联结、交集、交汇点，这样就形成彼此对称、相互补充、相互渗透、相互转化、相反相成的格局，从而构成了阴阳合德、刚柔相济、变易无穷的宇宙与万物。

《系辞传》对阴阳互补与相成作了进一步阐发。阴阳作为对偶范畴被大大扩展了应用，不仅仅是天与地、刚与柔，还有一系列表达：日与月、暑与寒、昼与夜、健与顺、明与幽、进与退、伸与屈、辟与阖、男与女、贵与贱、牡与牝、君与民等等，都被纳入到阴阳对偶范畴中。

这样看来，从自然界到人类社会，万事万物普遍存在着对立的两方面，一方面可用"阳"的属性特点概括，另一方面可用"阴"的属性特点概括。阴阳两方面总是相伴而生，相资为用，相

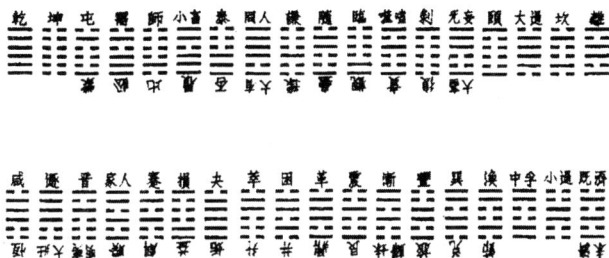

乾 坤 屯 蒙 师 小畜 泰 阳人 噬 随 临 蛊 噬嗑 剥 无妄 颐 大过 坎 离

咸 遁 晋 家人 睽 损 夫 萃 困 革 震 渐 丰 艮 涣 中孚 小过 既济

卦变覆图

辅相成，反之，独阳不生，独阴不成。因此，人们不可只见阳不见阴，也不可只见阴不见阳，只有全面把握阴阳两方面种种复杂的关系，才能全面而深刻地认识事物。

从《易》卦体系看，一阴一阳既对立又统一，才能成卦。没有阴阳对应、互补、转化、相成，就没有六十四卦。因此《说卦传》明确指出：

> 观变于阴阳而立卦，发挥于刚柔而生爻……分阴分阳，迭用柔刚，故《易》六位而成章。

就是说，观察天地阴阳变化规律而演算成立卦形，发动挥散卦中刚柔两画而产生各爻的变迁。六爻画又分为阴位阳位，更迭运用柔爻刚爻来布局，所以《周易》的卦体必须具备六位，才能蔚然成为宏章。

《系辞传》对这种关系做出了高度概括和升华：

> 一阴一阳之谓道。继之者善也，成之者性也。

对立的两方面，既相推移又相辅助，一阴一阳不可偏废，其矛盾转化就是"道"，就是宇宙万物的根本法则。传承此道，发扬光大以开创万物就是"善"，阴阳兼备，蔚成此道，事物才能成全其本性。

在易学史上，阴阳互补与相成思维得到进一步发展和运用。例如，汉代易学秉承这一思维提出了飞伏说，认为阳性背后隐藏着阴性，阴性背后隐藏着阳性，阴阳二性虽然相互对立，但却不能截然分割开来。

宋代大儒张载提出"阴阳兼体"说，认为事物变化的过程总是兼有对立的双方，一阴一阳，缺一不可，所谓"欲一之而不能"。

明代之后出现了一种"阴阳鱼图"，以一个大圆内黑白两色的鱼代表宇宙中阴阳对立的两个方面，但黑鱼被画上一个白眼，象征阴中包含阳，白鱼被画上一个黑眼，象征阳中包含阴。而黑白眼中又各包含阴阳两鱼，以此类推，以至无穷，表明阴阳相对相蕴，相辅相成。

明清之际，著名哲学家王夫之对这种思维加以总结，又提出了"阴阳协合为一"说，认为阴阳虽有差别，但并不相舍相离、相毁相灭，而是相合相济，相因相通，协合为一，从而构成万物的本体。

历代易学家对阴阳关系的发挥和运用，最终使阴阳和谐、互补与相成思维成为中国古代典型的文化特色，对哲学、政治、医学、美学、文学艺术等都产生了广泛而深远的影响。

书法"周易"（刘培平书）

结　语

　　以上我们所谈论的话题，其实不外乎两人方面：第一至第三章，主要是从思维的内容上概括《周易》及易学思维的鲜明特征；第四至第八章，则侧重于从思维的形式上展现《周易》及易学思维的独特魅力。

　　在《导言》中，我们初步概括了中国古代思维方式的特征：以天人合一为基调的整体和谐性思维；以生生不息为主线的致中和互补性思维、矛盾性思维；以体"道"为中心的交织互渗的直觉思维与理性思维。如果说本书从内容与形式所谈的话题，能够表达出《周易》及易学思维的概要，大致地给读者一个整体性印象，极为典型地表现了中国古代思维方式的特征，或者叫东方文化的特色，那么本书写作的目的，就基本达到了。

当代中国许多学者曾经对《周易》、易学和中国古代哲学的思维特征及其影响，开展了深入的分析和研究，作过透彻的阐发。

208　中国哲学史学家张岱年先生说：

　　我认为，《象传》所谓"天行健，君子以自强不息""地势坤，君子以厚德载物"，可以说集中代表了中国传统文化的基本精神。这两条是以孔子的名义发生影响的，在长期历史中，广泛地受到人们的服膺尊崇，激励着广大民众奋发前进，在困难面前决不屈服，同时保持着广阔的胸怀。直至今日，"自强不息""厚德载物"对于我们仍然起着鼓舞激励的作用。①

———————

　　① 张岱年：《周易与传统文化》，载于《周易研究》1991年第1期。

中国社会科学院研究员蒙培元说：

> 《周易》哲学的特点，正是将形而上与形而下结合起来，将天道与人道统一起来，并由此开启了中国人的智慧之窗。这样一种独特的哲学，既不是纯粹的形而上学，也不是毫无超越意义的经验知识，而是充满生命力的有机整体论、哲学与价值意味很浓的生命哲学。这样的智慧正是需要我们当代人不断反思、不断开掘的。①

美籍华裔学者成中英先生曾说：

> 中国哲学像一棵久经风霜的老树，从外部看或许斑痕累累，但它的内在生命却经久不衰。你越是深入思考它，你越是深入关注它，它就越有吸引力，并在理性上更加清晰。

① 刘玉平：《周易与人生之道》蒙培元序，四川人民出版社，2001年。

结语

这意味着，中国哲学的内在根源是深植于人性的内在根源的，这就是中国哲学称之为"道"的宇宙生命的内在根源。①

当代著名学者李泽厚认为：

210

中国传统思维为儒学"实用理性"的深层结构，即情理融为一体的"情理结构"，认为不管人们是否自觉地认同它，它都已成为民族文化－心理结构的主要成分，千百年来对广大知识分子并由之而对整体社会的思想情感、行为活动一直起着规范作用，并由意识而进入无意识，成为某种思想定式和情感取向。其中包括积极进取的生活态度（"天行健，君子以自强不息"）、关注国事民瘼的济世情怀（"天下兴亡，匹夫有责"）、重视立身处世的道德修养（"达则兼济天下，穷则独

---

① 成中英：《论中西哲学精神》，东方出版中心，1991年，第109页。

善其身”）等。①

这些学者的体悟特别深刻，他们的表述也十分明确。反复学习和体会，有助于加深大家对《周易》、易学及中国古代哲学思维的理解和印象。

在日常工作和生活中，我经常听到有的人跟我提出这样的问题：你学了《周易》，给我占一卦吧？在现代社会，《周易》还有什么用处？在提第一个问题时，有人往往以轻松随意的口气，甚至带点揶揄；当然也有人郑重其事，甚至极其虔诚。提第二个问题的人多数比较认真，当然也有人嘴角挂着一丝轻蔑。

我的回答往往是反问一句，而且一般比较简捷："你信吗？"或者是："你认为呢？"

听到人们议论多了，我自然就往深处想。想来想去，我还是认为，易学在几千年的历史长河中，之所以能够保持其如此旺盛的生命力，就是

结语

---

① 李泽厚：《中国思想史论》（上），安徽文艺出版社，1999年。

因为它能够规范和引导人们的思想和生活，能够影响中国过去的时代，根本原因在于《周易》及易学思维的独特魅力。

易学在现代和未来，如欲仍然保持其生命力，就必须对现代及未来所发生的一切，做出很好的回应，并持续不断地从现实中汲取营养。在这个意义上，应当肯定《周易》及易学思维方式在当代仍然具有重要的价值。可以对此做出简要概括和总结。

一、敬重自然，增强环境意识，维持生态平衡

贯穿《周易》及易学的阴阳和谐思维、天人整体性思维、三才思想等，都给现代人类敲响了警钟，提出了恳切期望。西方世界在主客二元对立的理念下，在改造、征服自然过程中，片面发

展了"科技理性"与"工具理性",却忽视了"价值理性",造成了现代化后的一系列危机。在人与自然关系方面,全球性危机在中国也有表现,造成环境、生态平衡的严重破坏和资源的日益匮乏。人位于天地之间,是天地父母的儿女。大自然养育了人,使其繁衍生息,人回报自然的方式有两类:掠夺式开采,肆无忌惮地践踏和破坏;敬重、爱护、利用和改善,建立人与自然的和谐。第一种做法我们已受到了无情的报复:空气污染、水土流失、干旱洪涝、疾病流行等等。第二种做法刚刚起步,人们应当适当保持对自然的敬畏感,亟待增强环保意识,维持生态平衡。我们只有一个地球,我们需要蓝天绿地,需要青山秀水,需要鸢飞鹿鸣!

二、涵养心灵，改善思维，
使人生更完美

世上没有人不渴望完美的人生。然而完善的人生上帝不会赐予，只有靠人自己的积极创造。西方世界忽视"价值理性"造成的危机，也已经影响到当下中国人的价值观，表现在社会生活领域就是某些人价值观的迷失错乱、信仰颓败、金钱至上、人心浮躁，功利主义盛行，精神家园千疮百孔。《周易》及易学思维倡导天下和平、人与人和谐相处，倡导一种健康的、丰富而充实的、积极进取的人生，能够帮助人们改善思维，开发和增强思维能力，有助于全面深入地理解中国传统文化。它虽然不能包治百病，但一定程度上能够矫正社会价值坐标，弥补人的精神生活缺憾。

（一）保合太和，塑精神支柱

《周易》强调万物合阴阳而生，人立于天地之间，应当追求"保合太和"的境界。"太和"即为太和之气，也就是阴阳谐和之气。庄子尊崇"真人"，孟子提出"养浩然正气"，传统文化倡导理想人格。这是人之灵魂，人生之最深、最高层次问题，弥久而常新。中国历史上士大夫阶层崇尚气节，百姓也讲究仁义礼智信的道德，《周易》保合太和、生生不息的精神观念，有助于当代人重塑精神支柱。朱熹曾经说过：

> 《周易》难读，它说一物并非真是一物，它是用卦象来喻示人生道理。

我们要读深读精这本"难读"之书，用它的人生哲理和思维方式来指导现实生活，使人生更充实、更有理智、富有意义。

（二）进德修业，积极进取

《系辞传》认为君子应当"进德修业""崇德广业""开物成务""广业利世"，倡导"富有之谓大业，日新之谓盛德""通天下之志，定天下之

结语

215

业，断天下之疑"。《周易》及易学思维倡导一种积极进取、昂扬向上、自强不息的人生态度，主张应时适变、革故鼎新。君子不以烦琐庸俗而累，不以小人而毁，乾道刚健，坤道载物，奋斗不止。君子应当克己达人，修己安人，齐家治国平天下。反之，如果陷入怨天尤人、碌碌无为，那样的人生不足取，消极颓废、厌世，则没有意义。

（三）改善思维，开发和增强思维能力

《周易》及易学中既有感性的形象思维、直觉思维，又有理性的逻辑思维、运数思维，更有深刻的、透彻的辩证思维。这在中国古代文化典籍中是十分独特的，在世界范围内人类古代认识史和文化史上确实非常珍贵。今天的人们，无论在中国还是世界上，认真学习和继承这份宝贵的文化遗产，自觉借鉴和弘扬这种珍贵的思维，都可以改善思维方式，开发和增强思维能力，深刻理解中国传统文化，从而更好地认识世界，改造世界。

（四）正确对待顺逆成败，锤炼心理素质

除了知识、技能、机会外，人的心理素质对

事业成败有重要影响，如何对待顺境与逆境是对人们心理素质的检验。《周易》及易学思想内涵丰富，比如，《泰》与《否》、《剥》与《复》、《损》与《益》、《既济》与《未济》等等，阴阳对待，变易无穷，其辩证思维给人们以启迪，从不同角度告诉人们正确对待顺逆成败，如何逢凶化吉，怎样祈福远祸。顺天应时，从革适变，与时偕行；满招损，谦受益；否极泰来，剥极必复，乐不忘忧等等，都是人生至理名言。

（五）强身健体，善待生命

当今世界危害人类的疾病和各种灾难不断，物欲横流，人心浮躁，甚至有的人怀疑人生，走上轻生与不归之路。《周易》及易学对于社会大众，可以引导人们以阳刚之气，祛除阴暗与邪恶，珍视生命，不谄不渎，宽居仁行，还人之生灵以至尊，展现人生之美妙，享受人生的幸福，使每一个平凡人的生活过得充实、丰富而美好。

《渐》卦卦象

218

书法"积德怀仁"（刘培平书）

"赢"字书法（刘培平书）

三、中西文化在冲突中走向融合，
开拓通往未来之路

中华民族在 20 世纪上半叶灾难深重，社会动荡不安，而能够不屈不挠，抗争自立！

奋进在 21 世纪大道上的中国深化改革，扩大开放，加快发展。以富强、民主、文明、和谐、美丽的社会主义现代化强国为追求，致力于民族的伟大复兴。全面建成小康社会，争取早日实现中国梦！

从文化思潮看，自 20 世纪上半叶五四运动、科玄论战始，一部分知识分子以承续中国文化之慧命自任，吸纳、融合、会通西学，建构起一种继往开来、中体西用的思想体系。自改革开放以来，面对市场经济大潮，知识经济、科技革命冲击，西方思想观念、价值观念入侵，文化嬗变，传统受到挑战，今日许多知识分子在思考：中国传统文化如何与西方文化在冲突中走向融合，开拓通往未来之路。

《周易》及易学思维为代表的传统文化确有其弊端，马克斯·韦伯、塞缪尔·亨廷顿已经以西方人眼光看出来，但西方许多科学家、思想家却对中国文化倾注了极大兴趣，莱布尼茨、伏尔泰、玻尔、李约瑟、荣格、卫礼贤等人，则早就提出了借鉴《周易》和中国文化的新颖见解，他们从不同侧面发现中国文化和中国古代思维方式，对全人类的生存与发展有许多合理之处。

因此可以预言，人类文明在走向未来的进程中注定要经历中西文化的冲突与融合。我们对《周易》及易学思维的探讨，也许会有益于全人类文化的融合与发展，也许会以独特的中国智慧有益于构建人类命运共同体。